내 아이의
자신감
자존감

내 아이의 자신감

아이의 미래는 자신감이 만든다!

자존감

| 허영림 지음 |

아주 좋은 날

**"넌 뭐든 해낼 수 있어"라는 말을 듣고 자란 아이는
정말로 능력 있고 자신감이 넘쳐난다!**

부모의 긍정적인 말이 아이의 자신감을 만든다!

요즘 '3포 시대'도 모자라서 '7포 시대'까지 가는 청년들의 이야기를 듣고 있노라면 참담한 기분이 든다. 3포 시대란 '연애와 결혼, 출산을 포기하는 시대'를 뜻하고, 7포 시대는 여기에 더해서 '내 집 마련과 인간관계, 꿈, 희망까지 포기하는 시대'를 의미한다. 이런 시대를 사는 어른으로서 어떤 해결안도 제시하지 못해 부끄러운 게 사실이지만, 그럼에도 불구하고 뭔가 하고 싶은 말이 있었다. 여러 생각이 머릿속을 맴돌았는데 '그래, 바로 이거야!' 하면서 떠올랐던 단어가 바로 자신감이다.

아이 스스로 잘 성장해 가기를 바라는 부모라면 뭔가를 자율적으

로 하도록 환경을 만들어주고 지켜봐주면서 때때로 칭찬과 격려를 잘하기만 해도 된다. 그 속에서 아이는 일상의 생활 경험과 놀이 경험에 따라 사소한 자신감을 엄청난 자신감으로 발전시키게 된다. 다시 말해서 아이는 때로는 성공하고 때로는 실수하는 모든 과정을 통해 몸으로 자신감을 체득하는데, 그것은 남들이 내리는 객관적인 평가와 상관없이 자존감으로 이어진다. 이런 성공과 실패의 연속선에서 자신감과 자존감을 얻은 아이는 자신을 귀하게 여기고 사랑하며, 스스로 가고자 하는 방향으로 자기 경영을 해나간다. 또한, 그 자신감은 모든 인간관계의 출발점이 되며, 동시에 궁극적으로 성취해야 할 도착점이 된다.

언젠가 다 자란 어떤 청년으로부터 어릴 때 부모님으로부터 늘 "넌 뭐든 해낼 수 있어"라는 말을 듣고 자랐다는 이야기를 들었다. 그 말을 하는 청년의 환한 표정을 지금도 생생하게 기억한다. 정말로 그렇게 자란 것인지 청년은 능력 있고 자신감이 넘쳐 보였다. 부모의 암시 어린 말을 듣고 청년 스스로 무척 노력하며 살았을 것이라는 생각이 들었다.

그 반대의 경우로 "네가 문제가 있는 건 너도 알지?"라는 말을 꽤 오랫동안 들어왔다는 청년이 있었다. 나는 그 말을 듣고 걱정스런 눈빛으로 그 청년을 지켜보았다. 어쩌면 청년의 부모는 자신들이 어린 시절 아이의 능력을 정확히 파악했고, 다 자란 지금의 모습을 보아도 크게 잘못된 판단이 아니었다고 말할지 모른다. 그런데 나는 어린 시절 그 부모의 말이 청년의 마음속에 엄청난 상처로 자리 잡고 성장하는 내내 방해를 해왔으며, 지금도 그것은 현재진행형일 것이라고 생각한다.

세상에 완벽한 부모는 없다. 다만 그런 부모가 되기 위해 노력하는 부모들이 있을 뿐이다. 이 책에서는 부모들의 고민을 덜어줄 수 있도록 부모와 자녀 사이의 구체적인 대화법을 많이 소개하였다. 서로에게 상처를 주지 않고 대화하는 법, 반영적 경청법, 나-전달법 등을 통해 자녀와의 일방통행식 대화에서 벗어나는 기회가 되기를 바란다.

부모는 자녀의 말을 귀로 듣지만 사실상 아이의 마음을 봐야 한다. 혹자는 "아이의 말을 마음으로 보고, 읽고, 귀로 듣는 부모는 아이로부터 '사랑한다'는 말을 듣게 된다"라고 했다. 아이의 입장을 공감하고 이해하는 것은 대단한 인내심이 필요하기 때문에 그만큼 존경받고 사랑받는 부모가 된다는 말이다.

살아있는 생명체 중에서 인간이 가장 늦게 진화된다고 한다. 맞는 말이다. 세상에 태어나자마자 말하고 걷는 아이는 없다. 어느 시기까지는 부모의 절대적인 도움을 받으면서 보호되고, 그들을 보고 배우며 따라 하기 때문에 자식을 부모의 거울이라 말하는 것이다. 세상에 태어난 아이가 0~8세까지 부모의 보호와 사랑 속에서 커야 한다면 그중에서도 진심 어린 관심과 방향성, 교육철학을 가져야 할 부분이 바로 아이의 자신감이다.

어린 시절에 형성된 자신감이 자존감으로 발전하고 세상에 나가 자기 몫을 다하게 된다면 지금 우리 눈앞에 펼쳐진 7포 시대는 사라지게 되지 않을까? 그 모든 것이 영유아기에 시작된다. 자녀교육의 목표점을 아이의 자신감과 자존감에 두는 부모라면 세심한 부분에서부터 인내심을 발휘해야 할 것이다. 마지막으로 이 책이 나오는 데 도움을 주신 모든 분들과 두 아들에게 감사의 마음을 전한다.

2015년 5월
허영림

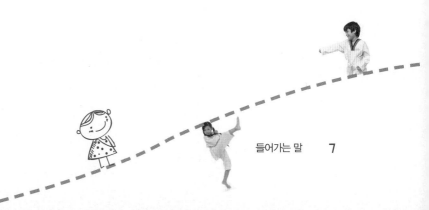

contents

1장

자신감은
부모의 품속에서
만들어진다

사소한 일이라도
아이 스스로 노력해서
성공한 일에 대해서는
칭찬해줘야 한다.

아이는 부모가
기대하는 만큼 자란다

아이는 자라면서 여러 번 변한다. 부모에게 최고의 선물처럼 느껴질 때가 있는가 하면, 고민과 고통 속에 빠뜨리는 때도 있다. 아이가 자신의 뜻대로 자라주지 않을 때 부모들은 막막한 심정이 된다.

'앞으로 저 아이를 어떻게 키워야 할까?'

'대체 자라서 뭐가 되려고 저러는 걸까?'

그러나 아이가 실망스러운 모습을 보여주더라도 부모는 절망하거나 포기해서는 안 된다. 우리의 아이들은 애벌레와 같다. 그러므로 그 아이들이 아름다운 나비가 되기 위해 준비 과정을 거치고 있다고 믿고 기다려주는 인내심을 가져야 한다.

애벌레가 아름다운 나비가 되기 위해서는 탈바꿈을 한다. 인간 역시 타고난 자기 능력을 집중적으로 개발해주면 아름다운 나비로 탈바꿈하는 변신을 하게 된다.

몰입해 있는 아이, 방해하지 말아라

유능한 엄마는 아이가 어떤 것에 흥미가 있는지를 발견해서 이끌어내
주고 키워주는 엄마이다.

긍정적인 아이의 모습을 보고 미래를 기대하는 것은 누구나 할 수
있는 일이다. 그러나 아이가 부정적인 모습을 보일 때에도 '저 모습은
아이의 진짜 모습이 아니다. 언젠가 진짜 능력을 발휘할 때가 올 것이
다'라고 믿어주고 아이에 대한 기대를 저버리지 않는 것이 진정한 부
모의 모습이다. 그런 마음으로 아이를 지켜보는 것이 부모의 사랑이
며, 그 사랑이야말로 아이가 타고난 천재성을 발휘할 수 있는 원동력
이 된다.

아이의 잠재력을 이끌어내려면 다양한 경험과 기회를 제공해야 한
다. 그 속에서 아이는 자기만의 창의적인 생각을 완성해 가고 새로운
것을 발견해 갈 수 있다.

부모는 아이가 무언가에 골똘히 빠져 있을 때 충분히 몰입할 수 있
도록 배려해야 한다. 열심히 그림을 그리고 있거나 책을 보고 있는데
"빨리 씻고 나서 하렴"이라거나 "장난감 치우고 읽어라"라며 하던 일
을 중단시키는 부모가 있다. 한창 몰입의 즐거움에 빠져 있던 아이가

씻거나 장난감을 치운 후에 다시 집중을 하려면 에너지를 또 써야 한다.

존 듀이는 "어려서부터 하고 싶은 일을 많이 하면서 몰입력과 집중력이 늘어나는데, 그런 일을 자주하면서 그 분야에 능력 있는 사람이 된다"라고 말했다. 이것이 몰입하고 있는 아이에게 부모가 방해꾼이 되지 않도록 조심해야 하는 이유이다.

때로는 아이가 장난감을 가지고 노는 방식이 좀 다르더라도 내버려 둬야 한다. 부모 눈에는 이상하게 보일 수도 있지만 아이는 자기 나름대로 창의성을 발휘하며 그것의 다른 쓰임새를 고민하고 있는 중일지 모른다.

"기차는 그렇게 가지고 노는 게 아니야. 이렇게 레일에 올려놓고 앞으로 가게 해봐."

한참 놀고 있는 아이에게 이렇게 참견하면 놀이 주체가 부모가 되고 만다. 아이가 놀이 주체가 될 수 있도록 부모는 지켜보는 자세가 필요하다. 아이가 놀이에 빠져 있을 때는 절대 방해하지 말자.

말썽을 피우는 아이, 다시 생각하라

아이는 다양한 시도를 하는 동안 성공도 하고 실패도 한다. 그 속에서 자신감을 얻게 되는 것이다. 그런데 성공하고 실패할 수 있는 그 소중한 기회를 빼앗는 부모들이 간혹 있다.

"안 돼. 그러면 위험해!"

"그렇게 하면 부서지지. 이렇게 만드는 거야."

마음껏 실패하고 성공할 수 있는 기회를 얻지 못한 아이들은 그만큼 소극적이고 의존적이 되어 간다. 부모가 하라는 대로 하고, 시키는 대로 할 때 대부분의 부모들은 "우리 아이는 참 착해요", "우리 아이는 말을 참 잘 들어요"라며 뿌듯한 표정을 짓는다.

그런데 조금만 더 생각해보자. 아이가 무조건 부모의 말을 잘 듣는다고 해서 좋아해서는 안 된다. 많은 부모들이 부모 말에 순종하는 아이를 착한 아이라고 좋아하지만, 이런 아이는 결국 스스로 생각하는 힘과 자신감을 잃게 되어 잠재되어 있던 다른 능력마저 사장되고 만다. 오히려 실수도 많이 하고 항상 말썽을 피운다고 말을 듣는 아이가 문제해결능력이 높은 경우가 많다.

아이가 호기심이 많아 무언가를 자꾸 시도하고 실수를 좀 하더라도 화를 내서는 안 된다. 오히려 좋은 징후로 생각하고 기대 어린 시선으로 지켜보는 부모가 되자.

예를 들어 리모컨이 신기하다고 생각한 아이가 뭔가로 깨뜨려 리모컨의 속을 들여다보고 있다고 하자. 아마 대부분의 엄마들이 펄쩍 뛰며 큰소리로 혼을 낼 것이다.

"대체 무슨 짓을 한 거니? 왜 멀쩡한 리모컨을 깨
뜨려!"

"대체 넌 누굴 닮아서 이 모양이니? 왜 이렇게 사
고만 치는 거야?"

아이의 잠재능력을 키워주고 싶다면 리모컨을 깨뜨려 속을 관찰한
것이 잘못된 것이 아니라 그 전에 엄마와 상의하지 않은 점을 지적해
야 한다. 그리고 만약 엄마에게 먼저 말을 했다면 안 쓰는 리모컨을
내주었을 것이라고 설명해주어야 한다. 그런 다음에 안 쓰는 리모컨
을 내주어 아이에게 마음껏 분해해보라고 기회를 주어야 한다.

리모컨을 망가뜨렸다고 야단치면 아이는 '내가 리모컨을 고장 내서
엄마가 화내는구나. 다음부터는 그러지 말아야지'라고 생각하게 된다.
결과적으로 리모컨을 고장 내는 일이 다시는 없을지도 모른다. 그런
데 한 발 더 나아가 아이는 다음부터 어떤 호기심이 생겨도 왜 그런지
알아내려는 시도조차 안 하게 될 수 있다. 결국 그동안 가지고 있던
호기심과 탐구심마저 소멸될 수 있다.

스스로 해보고 싶은 것이 많은 아이로 키워라

징그러운 애벌레가 어느 날 갑자기 아름다운 나비로 탈바꿈하듯이,
아이가 생각지도 않은 순간에 잠재능력을 발휘해 부모를 놀라게 할지

모른다. 아이의 현재 모습만 보고 실망하고 포기할 것이 아니라 언젠가 아이가 놀라운 능력을 보일 것이라는 믿음을 가지고 꾸준히 지켜보도록 하자.

아이들은 저마다 무한한 잠재능력을 가지고 세상에 나온다. 하지만 아이가 아무리 뛰어난 능력을 가지고 있더라도 부모가 그것을 인식하지 않으면 아무 소용이 없다. 무한한 가능성을 발휘하고 키워낼 수 있는 기회가 없기 때문이다. 아이의 가능성을 키워주고 싶다면 부모가 먼저 그것을 확신하고 있어야 한다.

'우리 아이도 무언가 잘하는 게 있을 거야.'

'말썽을 많이 피우지만 그건 자신의 재능을 알아내기 위한 시도이고, 스스로 탐색하는 과정일 거야.'

부모의 믿음은 아이에게 고스란히 전달된다. 어려서 모를 것 같지만 아이는 부모가 자신에 대해 확신이 없거나 가능성에 대해 포기하는 순간 온몸으로 그것을 알아차린다. 그래서 부모는 늘 아이에 대해 긍정적인 생각과 마음가짐을 가지고 있는지를 점검해야 한다.

나는 부모들에게서 자녀교육이 어렵다는 말을 종종 듣는다. 자녀교육을 거창하게 생각해서 그런 게 아닌지 돌아보자. 자녀교육의 기본은 내 아이가 잘할 수 있는 능력이 있다고 믿는 것이다. 어떤 현상에도 현혹되지 않고 아이의 무한한 가능성을 믿는 일은 쉽지가 않다.

하지만 그것이 바로 부모의 사랑이다. 아이는 자신의 가능성을 믿고 기다리는 부모의 사랑을 영양분으로 삼아 무럭무럭 자란다. 그리고 어느 날 마술같이 잠재의식에 숨어 있던 능력을 발휘하는 것이다.

늘 새로운 것에 도전하고 싶어 하는 아이들은 실수 만발이다. 오늘은 이런 실수를 하고, 내일은 또 다른 실수를 한다. 그런데 실수할 때마다 부모가 야단치게 되면 아이는 혼나는 것이 두려워 아무것도 시도하려고 하지 않는다. 아이의 자신감은 수많은 도전과 성공, 실패, 실수 속에서 나온다. 작은 성공 경험이 나중에 큰 성공을 만드는 밑거름이 되는 것이다. 아이가 새로운 것을 시도하고 도전할 때마다 충분히 칭찬해주고 격려해주자. 엉뚱하고 말썽만 피운다고 한숨 쉴 것이 아니라 '호기심이 많아서 해보고 싶은 것이 많구나' 하고 긍정적으로 생각하자.

이것저것 많이 가르친다고 해서 좋은 부모가 아니다. 자신감을 심어주면 아이 스스로 자신이 해보고 싶은 것을 찾아내고 도전하게 된다. 그러므로 좋은 부모는 아이에게 자신감을 심어주는 부모이다.

신뢰감이 쌓여
자신감이 된다

자신감 있는 아이들은 몇 가지 특징을 가지고 있다. 우선 스스로 일 처리를 할 줄 알며, 정서적으로 안정되어 보인다. 또한 호기심이 많아 매사에 능동적이고, 적극적이며, 긍정적이다.

내 아이를 자신감 있는 아이로 키우고 싶다면 어려서부터 발달단계에 맞게 키워야 한다. 자신감은 태어나서부터 12개월까지 양육자가 아이의 욕구에 민감하게 반응해주는 과정에서 신뢰감이 쌓일 때 생기기 때문이다.

예를 하나 들어보자. 태어난 지 8개월 된 아기가 우유를 먹다가 젖병의 우유가 부족해서 울었다. 엄마는 젖병을 들고 우유를 더 타러 갔다. 아기는 처음에는 엄마가 젖병을 가지고 돌아올 때까지 울지만 나중에는 울지 않고 기다리게 된다. 엄마가 젖병을 가지고 다시 돌아올

것이라는 신뢰감이 생겼기 때문이다. 물론 대상영
속성(시야에서 어떤 대상이 사라졌다 해도 그 대상이 없어
진 것이 아니라 다른 장소에 계속 존재한다는 것을 아는 능
력)이 생겨서 그럴 수도 있지만, 엄마가 돌아오면 항상 맛있는 우유를
먹었기 때문에 울지 않고 기다리게 된 것이다. 이런 신뢰감이 쌓이고
쌓여 자신감의 기초가 된다.

아이는 알고 있는 것을 행할 때 자부심이 생긴다

태어나서 24개월이 지나면 아이는 자아가 생기면서 자기 의견을 내놓
기 시작한다. 그런데 아시다시피 '예'보다는 '아니오'라는 말이나 의사
표현이 더 많다. 이때부터 엄마는 아이를 하나의 자아로 인식하고 상
호작용해야 한다.

아이에게 뭔가를 시키면 "싫어"라고 대꾸하는 일이 많다. 또 뭔가를
해주려고 하면 "싫어! 내가 할 거야"라고 반항하기 일쑤다. 거부하고
반항하는 횟수가 늘어가면서 엄마의 울화가 치미는 횟수도 그만큼 늘
어날 것이다. 그런데 아이의 자신감 발달 측면에서 본다면 부모 말에
늘 순종하고 말 잘 듣는 아이보다 자기주장이 강한 아이가 더 바람직
하다. 그러므로 자기주장이 강하다고 걱정할 필요가 없다.

그런 차원에서 아이가 자기주장을 꺾으려 하지 않을 때 "네가 뭘 얼

마나 안다고 그래? 엄마가 시키는 대로 안 해!"라고 강압적으로 대응해서는 안 된다. 그런 일이 반복되면 아이는 순종적인 아이로 자랄 가능성이 높아진다. 그때 당장은 아이의 순종적인 행동이 좋아 보일지 모르지만 나중에는 틀림없이 후회하게 될 것이다. 자라서 스스로 계획하고 판단하고 결정하는 아이로 키우고 싶다면 부모로서 자신이 어떤 반응과 태도를 보이고 있는지 생각해봐야 한다. 스스로 판단하고 행동하는 아이가 아니라 매사에 물어보고 확인받고 행동하는 아이로 키우고 있는지를 돌아보자는 말이다.

48개월 이전까지를 말로 자기주장하는 시기라고 한다면 그 이후의 시기는 뭔가 하고 싶은 충동을 실제 행동으로 옮기는 시기라고 할 수 있다. 이 시기의 아이들은 끊임없이 질문을 던지면서 답을 찾고 배운다. 그 과정에서 안다는 것과 할 수 있다는 것에는 자부심을 느끼고, 그렇지 못한 경우에는 수치심을 느끼게 된다.

이 시기의 아이들은 몇 명 모였다 하면 별것 아닌 일에도 승부욕을 불태우며 경쟁을 벌인다. 가령, 한 발로 서서 누가 오래 버티나 게임을 한다고 하자. 어른들은 '저런 게임이 재미있나?'라고 생각할 것이다. 간혹 '저런 게임을 왜 할까?' 하는 시선으로 한심하게 바라보는 부모도 있다. 그런데 아이들은 지금 '엄청난 게임'을 치르는 중이다. 결과적으로 이 게임에서 이긴 아이는 할 수 있다는 자부심과 자신감을 갖게 되고, 진 아이는 수치심을 갖게 된다.

일반적으로 위축된 아이들은 놀이터에 가도 이런 놀이에 끼지 않고 혼자 놀거나 조금 떨어져서 구경을 한다. 어른들은 단순히 아이가 사회성이 떨어진다고 생각하는데, 그렇지 않다. 사실은 다른 아이들과 어울려 놀면서 경쟁하는 것이 두려운 것일 수 있다. 결국 문제는 아이가 자신감이 없어서라고 볼 수 있는 것이다.

부모는 격려와 칭찬만 잘해도 된다

부모는 되도록 아이 편에서 생각해야 한다. 잘한 것에 초점을 맞춰서 칭찬하면 아이는 '나도 할 수 있다'라고 생각해 더 잘하려고 노력한다. 그러므로 부모 눈에 시시하고 사소하게 보이는 일이라도 아이 스스로 노력해서 성공한 일에 대해서는 칭찬해줘야 한다. 그래야 부모가 원하고 기대하는 방향으로 아이가 더 노력하게 된다.

그런데 아이가 잘하는 것은 당연하게 생각하고, 못하는 것은 콕콕 집어서 지적하고 꾸중하는 부모가 많다. 그러면 아이는 잘하던 것까지 못하게 된다. 하지만 잘하는 것은 크게 칭찬하고, 못하는 것은 격려해주면 모두 다 잘하는 아이로 자란다.

형제간에 끊임없이 비교당하면서 자란 아이는 자신감이 부족할 때가 많다. 똑똑한 형과 비교당하면서 자란 동생은 형을 부러워하지만 잘하려고 노력하기보다 열등감을 키울 가능성이 크다. 게다가 동생과 비교되면서 잘한다는 칭찬만 받고 자란 형은 우월감이 커져서 남을 무시하는 행동을 하게 된다. 결과적으로 형에게도 동생에게도 마이너스가 된다. 자신감을 키워줘야 할 시기에 한 아이에게는 열등감을, 다른 아이에게는 우월감을 심어주는 사태를 만들 수 있으니 조심해야 한다.

요즘 부모들이 특히 귀담아들을 내용이 있다. 아이를 과잉보호하는 것도 자신감을 떨어뜨리는 원인이 된다는 것이다. 아이 스스로 할 수 있는 일까지 일일이 도와주고 대신해주는 것은 아이의 자신감을 떨어뜨릴 뿐만 아니라 경쟁력 없는 무기력한 아이로 키우는 지름길이 된다.

기죽이지 않으면
자신감이 생길까?

부모의 유형을 크게 두 가지로 나눌 수 있다. 아이는 아무것도 모르는 백지와 같아서 일일이 가르쳐주어야 한다고 생각하는 부모와 타고난 아이의 잠재능력을 하나하나 끄집어내어 발휘할 수 있도록 도와주어야 한다고 생각하는 부모이다. 부모가 어떻게 생각하느냐에 따라 장래 아이의 모습은 크게 달라진다.

아이는 아무것도 모르기 때문에 일일이 가르쳐주어야 한다고 생각하는 부모는 아이가 부모의 의도대로 따라주지 않으면 '쟤는 왜 하는 짓마다 저 모양이야' 하는 회의감에 빠지게 된다. 그래서 자꾸만 아이의 단점을 지적하고 훈계를 늘어놓는다. 아이는 점점 더 의기소침해지고 자신감을 잃을 수밖에 없다.

반면에 아이의 잠재능력을 인정하는 부모는 격려와 칭찬을 자주 해쥐서 무엇인가 하고 싶은 동기를 부여해주고 의욕을 북돋워줘서 자신감 있는 아이로 성장할 수 있게 만든다. 결국 격려와 칭찬 속에서 자신감을 키운 아이는 자기 미래를 스스로 잘 개척해 나가게 된다.

아이를 키우다 보면 칭찬할 일도 많고 혼낼 일도 많다. '한 번 칭찬했으니까 앞으로는 잘하겠지'라거나 '한 번 혼냈으니까 앞으로 그런 행동은 하지 않겠지'라고 생각하는 부모는 아마 없을 것이다. 왜냐하면 아이는 끊임없이 같은 행동을 반복하게 되어 있고, 그렇게 기대했다가는 실망하고 화내기를 반복하다가 어느 순간 제풀에 지치고 말 것이기 때문이다.

아이는 자라는 동안 부모에게 지적받고 훈계를 받아도 잘못된 행동을 수십 번은 더 반복한다. 따라서 부모들은 아이가 같은 잘못이나 실수를 하더라도 처음에 설명하고 가르쳤던 것을 반복할 수 있는 인내심이 필요하다. 그것이 성공적인 자녀교육의 필수조건이다. 그런 과정 속에서 아이는 어떤 행동이 바람직하고 어떤 행동이 바람직하지 않은지를 스스로 깨달아가게 된다.

"잠깐만!"이 아이에게 미치는 영향

아이를 혼낼 때는 '절대', '항상', '모두', '아무도' 등의 극단적인 표현을 사용하지 않도록 조심해야 한다.

뭔가를 강조하거나 '이번 기회에 확실하게 고쳐 놓겠다'라고 생각해 극단적인 단어나 표현을 사용하게 되면 아이는 엄마의 표현이 과장되어 있다고 느낀다. 그러면 반발심이 생긴 아이는 더 거부하는 경향을 보인다. 결국에 아이와 신뢰감을 쌓아가는 과정에서 문제가 생길 수 있다.

아이가 고집을 부리고 심하게 떼를 쓸 때 화를 내기 전에 단호하고 차분한 음성으로 "잠깐만!"이라고 말해보자. 그러면 부모는 감정을 조절하는 시간을 가질 수 있고, 아이는 앞으로 어떻게 대처해야 하는지를 생각할 수 있는 시간을 갖게 된다.

책임감 있는 아이로 키우기 위해서는 작은 일이라도 아이 스스로 할 수 있는 일을 정해서 끝까지 할 수 있게 해야 한다. 어떤 범위를 정해주고 그 범위 안에서는 아이가 자유롭게 의사결정을 할 수 있도록 배려하면 훨씬 더 민주적인 부모와 자녀 관계를 만들어갈 수 있다.

우리나라 엄마들이 자녀교육에서 가장 주안점을 두는 것이 '기죽이지 않기'라는 한 잡지의 설문 조사 결과를 본 적이 있다. 참으로 씁쓸한 마음이 들었다. 이런 부모들은 아이가 요구하는 것을 들어주지 않으면 기가 죽고 자신감을 잃을 수 있다고 생각하기 때문에 원하는 것을 다 들어주려고 한다. 이런 환경에서 자란 아이는 어린이집이나 유치원에서 또래와 어울리는 데 어려움을 겪을 수 있다. 왜냐하면 집 안에서 부모에게 하듯 자기 마음대로 할 수가 없기 때문이다.

부모 자식 간에도 타협이 필요하다

아이를 교육시키는 방법에는 여러 가지가 있는데, 흔히 아이의 의견을 존중한다는 점에서 민주적 양육 방식과 허용적 양육 방식을 비슷하다고 생각하는 경향이 있다. 그런데 두 방식은 엄연히 다른 교육법이다. 민주적 양육 방식은 아이의 의견을 존중하되 부모의 의견도 똑같이 존중한다. 그에 반해 허용적 양육 방식은 아이의 의견만을 존중해 무슨 일이든 아이가 마음대로 하도록 내버려둔다.

아이에게 부모는 어떤 문제를 해결하는 과정에서 자신의 의견만을 내세우기보다는 상대방의 의견을 들어주고 자신의 생각을 양보할 줄 아는 여유를 가르쳐야 한다. 그래야 자라서 상호 간의 타협을 통해 해결점에 이르고 그 결과를 기꺼이 받아들일 줄 아는 사람이 된다.

민주적인 부모와 자녀 관계에는 승자도 패자도 존재하지 않는다.

예를 들어 막 저녁밥을 먹기 직전인데 아이가 텔레비전 광고를 보고 갑자기 피자가 먹고 싶다며 피자를 주문해 달라고 떼를 쓴다고 해보자. 이때 부모는 "피자를 먹고 싶어하는 네 마음은 이해하는데 저녁밥이 다 되었으니까 다음에 먹도록 하자"라고 상황을 충분히 설명해 줘야 한다. 그리고 "지금 저녁을 안 먹는다면 내일 아침 식사시간까지 기다려야 해"라고 아이에게 선택권을 주어야 한다.
그러면 아이는 두 가지 중에서 하나의 선택을 하고,
그 결과를 경험하게 될 것이다.

피자가 아니면 저녁을 굶겠다고 했던 아이가 두세 시간이 지나면
배고픔을 참지 못하고 밥을 달라고 할 수 있다. 이때 부모는 밥상을
차려주어서는 안 된다. 아이가 선택한 결과로 발생한 일이기 때문이
다. 단, 아이가 먹을 것을 스스로 찾아서 먹는다고 하면 그것은 허용
해주자. 이런 과정을 통해 아이는 스스로 선택한 일에 대한 자기책임
을 알게 되고, 책임감을 배우게 된다.

최근에 한 엄마와 상담을 했다. 27개월 된 아들이랑 놀이터에서 거
의 밤 8시까지 놀다가 집에 들어온다며 한숨을 쉬었다. 아무리 타일러
도 꿈쩍하지 않는 아이를 혼자 두고 올 수 없어 엄마와 아빠가 번갈아
가며 놀이터를 지킨다고 했다.

"아이가 못 알아듣는 것 같아서 그동안은 아이가 하자는 대로 해왔
는데……. 앞으로 더 큰 문제가 있을까 겁이 나요."

그 엄마는 벌써 육아에 지쳤는지 눈물까지 흘리며 말했다.

이 엄마는 지나치게 허용적인 부모에 해당한다. 물론 아이가 행복
해야 하는 것은 맞지만 부모도 행복해야 한다. 그 선을 서로 맞추고
조율해 가야 지치지 않는 부모가 된다.

아이에게 엄마의 생각도 중요하다는 것을 알릴 수 있는 기회는 무척 많다. 그런데 이 엄마는 자신의 생각이나 의지를 아이에게 말한 적이 없을 것이다. 엄마로서 아이에게 헌신적으로 희생하고 있다고 스스로 칭찬하면서 잘 해오다가 어느 순간에 무너진 것이다. 이제 와서 너무 힘들고 고달파서 못하겠다고 하는 것은 아이 입장에서 보면 일관성 없는 부모의 모습일 뿐이다. 부모의 지나친 허용은 결국 아이를 망쳐 놓는다.

민주적인 교육 환경에서 자란 아이들은 자신감은 물론이고 자존감, 책임감, 독립심 등 긍정적인 행동 특성을 보인다. 또, 자신의 욕구를 어느 정도 자제할 줄도 안다.

특히 아이에게 긍정적인 자아 개념을 심어주고 싶다면 성취감을 느낄 수 있는 기회를 만들어주어야 한다. 성취감은 아이가 무언가를 이루어냈다는 자기만족감에서 비롯된다. 그러므로 아이의 성과를 평가할 때는 다른 아이와 비교하지 말고 아이의 6개월 전 또는 1년 전의 모습과 비교해야 한다.

"작년보다 올해 블럭을 더 높이 쌓는구나", "작년 여섯 살 때보다 동생을 더 잘 돌봐주는구나" 하는 식으로 이전의 모습과 지금의 모습을 비교해서 아이 스스로 무언가를 이루어냈다는 자기만족을 느끼게 해주어야 한다.

지적받는 아이는
열등감을 키운다

초등학교 4학년부터는 자아 성장의 증표가 눈에 보이기 시작한다. 따라서 가정에서나 학교에서나 자기 일을 스스로 할 줄 아는 아이가 되도록 칭찬과 격려를 아끼지 말아야 한다.

칭찬은 어떤 일을 잘했을 때 하는 것이고, 격려는 아직은 부족하지만 앞으로 잘하라고 용기와 힘을 줄 때 하는 것이다. 따라서 격려는 아이들의 능력이나 수준에 맞게 해야 하므로 격려를 받는 대상, 즉 아이의 눈높이에 초점을 두어야 한다. 그리고 칭찬은 어떤 행위사실의 결과를 근거로 해야 하므로 아이가 한 칭찬받을 행동에 초점을 두어야 한다.

성적을 올리는 일은 하루아침에 되는 것이 아니다. 그러므로 성적을 올렸으면 하는 부모의 의도를 가지고 아이의 능력이나 수준에 맞지 않게 격려하거나 기대하는 것은 좋지 않다.

예를 들어 수학을 아주 어려워하는 아이에게 "넌 머리가 좋으니까 열심히만 하면 다음엔 다 맞을 수 있을 거야"라고 했다고 하자. 부모 입장에서는 격려 차원에서 한 말이라고 하겠지만 아이에게는 오히려 큰 부담을 안겨줄 수 있다.

이런 상황이 반복되면 아이는 자신을 엄마의 기대에 부응하지 못하는 못나고 무능력한 사람이라고 생각할 수 있다. 그러므로 아이의 능력이나 수준을 제대로 파악해 그에 맞는 격려를 해야 한다. 그렇지 않으면 안 하니만 못한 결과를 불러올 수 있다. 다시 말하면 똑똑한 아이로 키우려는 부모의 의도와 달리 열등감을 가진 아이, 자신감 없는 아이로 자라게 된다.

자신감은 칭찬 속에서 자란다

아인슈타인은 어렸을 때 학교 성적이 좋지 않고 친구도 거의 없어 반에서 눈에 띄지 않는 아이였다. 초등학교 생활기록부에는 '무엇을 하든 성공할 가능성이 희박하다'라고 기록되어 있다고 한다.

그런데 아인슈타인의 어머니는 아들이 학교에서 상처받고 의기소침해져서 돌아오면 항상 용기를 주었다. 어머니는 아들에 대한 확신과 믿음을 가지고 꾸준히 격려하고 지지했다. 성적이 형편없었던 중

학교 시절에도 어머니의 격려는 지속되었다. 어머니의 격려 덕분에 아인슈타인은 훌륭한 과학자가 되었고, 인류에 공헌하는 큰 인물이 되었다.

보통 아이들의 머리를 '블랙박스Black Box'라고 말한다. 머릿속에 무엇이 잠재해 있고, 앞으로 무엇을 할 수 있을지 짐작할 수 없다는 의미에서 하는 말이다.

칭찬은 칭찬받을만한 행동을 했을 때 바로 해주는 것이 효과적이다. 작은아이의 기저귀를 갈아주려고 하는데 큰아이가 엄마에게 기저귀를 가져다 주었다면 그때 바로 등을 두드려주면서 "우리 아들 참 착하네", "이렇게 대견한 딸이 있어 엄마는 행복하구나" 등의 말로 그 자리에서 칭찬해주어야 한다.

만약 이런 경우에 용돈을 준다든지, 과자를 사주는 식으로 물질적인 보상을 하다 보면, 나중에는 아이 스스로 칭찬받을 만한 행동을 했다고 판단되면 부모에게 물질적 보상을 요구하게 된다. 현관문 앞에 있는 신문을 가져다주면서 "엄마, 500원 주세요"라고 요구하게 될지 모른다. 이런 경우는 칭찬에 뒤따르는 보상에 문제가 있었다고 할 수 있다.

칭찬을 많이 듣고 자란 아이와 그렇지 못한 아이는 표정에서부터 차이가 난다. 칭찬을 받고 자란 아이는 늘 자신감에 차 있고 자기 일을 스스로 알아서 한다. 칭찬을 받지 못하고 자란 아이는 항상 주눅이 들어있고 매사에 수동적이다. 부모나 주변 사람들의 칭찬이 아이에게 얼마나 큰 영향을 미치는지를 짐작할 수 있다. 그래서 '칭찬은 귀로 먹는 보약'이라는 말이 생겼을지도 모르겠다.

부모의 욕심이 열등감을 부추긴다

칭찬 못지않게 중요한 것이 잘못을 지적하는 일이다. 잘못을 지적할 때는 먼저 칭찬거리를 찾아 칭찬해주고 지적을 하는 것이 좋다. 야단을 칠 때에도 아이의 마음이 상하지 않게 조심해야 한다. 자칫하면 아이가 '난 할 수 있는 게 아무것도 없구나' 하는 열등감에 빠질 수 있기 때문이다.

어른도 칭찬을 받으면 '나에게도 이런 장점이 있었구나' 하고 새삼 깨닫고 자신의 장점을 더욱 키워 나가려고 노력하게 된다. 반면에 누군가에게 약점이나 결점을 지적받고 나면 의기소침해지고 자신감을 잃게 된다.

아이의 경우는 어른보다 그 반응이 훨씬 더 강하다. 따라서 지금부터라도 아이의 잘못된 행동이나 약점을 지적하고 비난하기 전에 먼저 칭찬거리를 찾아내어 아낌없이 칭찬해주자.

누구나 장점을 가지고 있다. 단지 부모가 자신의 욕심에 눈이 멀어 자녀의 장점을 미처 발견하지 못했을 뿐이다.

가령 초등학교에 입학한 아이가 학교를 두려워한다고 하자. 아침에 일찍 일어나는 것도 힘들어 하고 매사에 자신이 없다. 이런 경우 아이를 잘 관찰해보면 자신감이 문제일 수 있다.

초등학교 시절 아이의 자신감은 친구 관계나 문제해결능력, 학업수행능력, 학업 동기 등의 영향을 많이 받는다. 특히 가정과 학교에서 맺은 다른 사람과의 관계나 경험을 통해 자신감을 갖게 된다. 앞서도 말했다시피, 칭찬이나 격려의 말을 많이 듣고 성장한 아이는 자신감을 갖게 되고, 비난이나 핀잔을 들으며 자란 아이는 열등감을 갖게 된다.

아이의 타고난 기질과 부모의 양육 방법이 맞지 않아 자신감을 잃게 되는 경우도 있다. 가령, 욕심 많은 부모가 자신의 생각처럼 따라와 주지 못하는 아이에게 느끼는 좌절과 분노를 그대로 노출하는 경우를 들 수 있다. 그런 부모 밑에서 자란 아이는 스스로 자신이 쓸모없다고 느끼고, 남들이 자신을 이해하지 못한다고 생각하며, 결국에는 자신감을 잃게 된다. 그러므로 아이의 독특한 개성을 올바로 이해하고 그 특성에 맞추어 부모의 기대와 태도를 바꾸는 지혜가 필요하다.

때로는 부모의 과잉보호나 무관심, 지나치게 권위주의적이거나 강압적인 태도가 아이의 자신감을 꺾어놓기도 한다.

그밖에 자신감이 없고 소극적인 부모 밑에서 자란 아이의 경우도
부모를 보고 배우다 보니 닮아갈 수밖에 없다. 그러므로 부모는 아이
에게 자신있게 삶을 헤쳐 나가는 모습을 보여주도록 노력해야 한다.

　자신감이 없는 아이들은 쉽게 포기하는 경향이 있다. 자신 없는 일
은 아예 시도조차 하지 않으려는 모습도 보인다. 자신의 열등감을 감
추기 위해 억지웃음을 짓거나 다른 사람을 못살게 굴기도 한다.

　일단 아이의 마음을 읽고 아이가 잘할 수 있는 것을 찾아내어 그 안
에서 즐거움을 느낄 수 있게 해야 한다. 그리고 아이가 실패하더라도
진심 어린 마음과 태도로 다독여주어야 한다. 그래야 아이가 실패를
두려워하지 않게 되고, 실패하더라도 좌절을 이겨내는 방법을 터득하
게 될 것이다.

　작은 결정이라도 평상시에 아이 스스로 내릴 수 있는 기회를 주는
것도 좋은 방법이다.

아이의 자존감은
부모의 품에서 자란다

사람을 성공으로 이끄는 가장 기본적인 힘이 자존감이라 한다. 자존감이란 미국의 의사이자 철학자인 윌리엄 제임스가 1890년대에 처음 사용한 용어이다. 그것은 자신이 사랑받을만한 가치가 있는 소중한 존재이고, 어떤 성과를 이루어낼 만한 유능한 사람이라고 믿는 마음을 가리킨다. 그러므로 자존감은 남들이 내리는 객관적 판단이라기보다 자기가 생각하는 주관적인 느낌이라고 할 수 있다.

이 자존감이란 것이 내 아이의 미래를 결정짓는다고 하니 부모 입장에서는 가볍게 생각할 수 없고, 아이의 행동 하나하나를 허투루 넘길 수가 없다.

"아이 스스로 잘 키워 가고 있는 자존감을 제가 더 키워주지는 못할망정 깎아내리면 안 되잖아요."

언젠가 들었던 한 엄마의 말이다. 어쩌면 모든 부모들의 심정이 이렇지 않을까?

　　어린 시절 부모와의 관계는 아이의 자존감 형성에 큰 영향을 미친다. 그 자존감은 아이가 성인이 되어서까지 영향을 미치기 때문에 부모의 역할을 강조할 수밖에 없다.

　　자신을 존중할 줄 아는 아이로 키우기 위해 부모는 어떤 노력을 기울여야 하는지 몇 가지 짚어보도록 하자.

　　첫째, 아이와 공감대를 형성하도록 노력하자.

　　많은 사람들이 강조하듯이, 아이와 많은 대화를 나눌 수 있도록 노력해야 한다. 그 속에서 아이는 부모가 자신의 행동을 늘 관심 있게 지켜보고 있다는 것을 느끼게 될 것이다.

　　가령, 아이가 수학 시험을 100점 맞아 왔다면 "넌 원래 수학 잘하잖아"라는 말 대신에 "이번에도 100점을 맞았구나. 넌 정말 수학을 잘하는구나"라고 해서 아이의 능력을 인정해주는 말로 표현해주는 것이 좋다.

　　둘째, 아이를 긍정적으로 격려해주자.

　　"엄마는 네가 해낼 줄 알았어."

"이번에도 100점을 맞았구나"라고 능력을 인정해주자.

자신감을 심어줄 수 있는 이런 말을 자주 해주면 아이는 긍정적으로 생활할 수 있는 힘을 얻게 된다. 그것이 아이의 자존감을 키워주게 된다.

또한, 격려를 많이 받은 아이가 자신의 잠재된 능력을 찾아내고 성취해내는 힘을 발휘하게 된다.

셋째, 아이가 자신의 감정을 자연스럽게 표현하도록 도와주자.

아이가 일상생활에서 자기 안에 쌓인 억압된 감정을 풀 수 있는 기회를 주어야 한다. 아이는 억압된 감정과 불쾌한 감정을 밖으로 표현하는 과정을 통해 스트레스가 풀리고, 마음이 편안해지며, 스스로 문제를 해결해 가는 힘을 키우게 된다.

어렵게 생각하면 한없이 어렵지만 쉽게 생각하면 아주 간단하다. 예를 들어 "오늘 표정이 좋지 않네! 학교에서 무슨 일 있었니?", "친구가 그런 말을 했어? 많이 속상했겠는데……"와 같은 말을 건네기만 해도 된다. 아이는 부모가 자기 속마음을 알아주는 것 같으면 자연스럽게 자기 안에 쌓인 감정을 말하게 된다.

아이가 속마음을 솔직하게 표현한 뒤에는 스스로 용서도 하고 마음을 정리하게 되는 기회가 된다. 일단 밖으로 털어놓게 되면 더 이상 심각한 사안이 아닌 것이 대부분이다.

넷째, 아이의 말에 귀 기울여주자.

이야기를 하는데 상대가 듣는 둥 마는 둥 한다면 기분이 어떨까? 상대가 나를 무시하는 것 같아 기분이 상할 뿐만 아니라 다시는 그 사람과 대화의 자리를 갖고 싶지 않다는 생각까지 하게 된다. 하물며 우리 어른들도 그럴진대, 어린아이들이라면 더하면 더했지 절대 덜하지 않을 것이다.

모든 아이는 자신이 이야기할 때 엄마가 집중해서 들어주고 반응해주기를 바란다. 유대인 어머니들은 다른 사람과 대화 중에 아이가 끼어들어 말을 하면 상대에게 양해를 구하고 아이의 이야기를 들어주고 적절한 반응을 해준다고 한다. 부모의 이런 반응이 아이를 정서적으로 안정시킨다는 것을 유념하자. 유대인 부모는 시작부터 다르다는 생각이 든다. 아이의 말을 귀로 듣지만 아이의 맘을 헤아리는 자세가 다르지 않은가.

다섯째, 아이의 궁금증을 유발시키는 질문을 하자.

아이가 무언가를 물었을 때 곧바로 대답해주지 말고 "넌 어떻게 생각하니?", "넌 무엇을 느꼈니?", "넌 어떻게 했으면 좋겠니?"와 같이 물어서 아이의 궁금증과 호기심을 키워주자. 아이는 이런 질문을 받고 대답하는 과정을 통해 폭넓게 사고하는 법을 배우게 된다.

괴테의 어머니는 아들이 어렸을 때 특별한 방법으로 책을 읽어주었다고 한다. 그것은 책의 마지막 부분에서 읽기를 멈추고 괴테에게 이야기 내용을 마무리하도록 하는 것이었다. 어쩌면 매번 다른 스토리를 만들어내는 과제 속에서 세계적인 문호인 괴테가 탄생되었는지 모른다.

여섯째, 아이를 하나의 인격체로 존중해주고, 그 마음을 표현해주자.

아이는 부모가 윽박지르고 일방적으로 훈계할 때보다 자신의 생각을 존중해줄 때 부모의 사랑을 진하게 느낀다. 아직 어린아이니까 가르침을 받아야 하고, 훈계를 들어야 하는 존재라고 생각해서는 안 된다. 스스로 생각할 수 있고 선택할 수 있고 결정할 수 있는 하나의 인격체로 대우해주어야 한다.

일곱째, 커서 어떤 사람이 되고 싶은지 장래희망을 물어보자.

어느 날 갑자기 심각한 표정으로 불러 앉혀놓고 "넌 커서 뭐가 되고 싶니?"라고 물으라는 말이 아니다. 이런 질문은 일상생활에서 자연스럽게 물어야 한다.

예를 들어 아이가 글 쓰는 데 소질을 보이면 "넌 나중에 무얼 하고 싶니?"라고 물어주자. 아이는 부모가 자신에게 늘 관심을 가지고 있고, 자신의 미래에 대해 생각하고 있다는 것을 자연스럽게 느끼게 될 것이다.

또한 이런 질문을 통해 아이는 자신의 미래에 대해 좀 더 구체적으로 생각하는 시간을 갖게 된다. 가령, 아이들은 소방관, 형사, 영화감독…… 이런 식으로 대답하다가 중학교 2학년부터는 이과, 문과를 논하면서 본인의 장래에 대해 엄마와 대화하게 된다.

여덟째, 위인이나 큰 인물에 대한 이야기를 해줘서 아이에게 이상형을 제시해주자.

어린아이들은 영웅이나 위인을 숭배하는 경향이 있다. 링컨 대통령의 전기를 읽은 아이는 링컨처럼 되고 싶어 하고, 오프라 윈프리의 전기를 읽은 아이는 커서 오프라 윈프리처럼 되고 싶다고 말한다.

그래서 성장기에 있는 아이에게는 위인전을 많이 읽힐수록 좋다. 구체적인 역할모델이 되어 아이에게 그 인물과 동일시하는 기회를 주기 때문이다.

아홉째, 부모가 살아온 이야기를 들려주자.

부모가 살아온 이야기나 집안 조상들의 전해져 내려오는 이야기, 특히 힘들었던 위기를 잘 헤쳐나왔던 스토리는 아이에게 간접 경험의

기회를 준다. 부모의 인생 이야기를 들은 아이는 자
신만의 인생 모델을 만들어 가기도 한다.

성장기에 있는 아이에게는
위인전을 많이
읽힐수록 좋다.

2장

기다릴 줄 아는 부모가
신나는 아이로
키운다

부모가
원칙을 가지고 있지 않으면
선택의 기로에서
늘 흔들린다.

일관된 원칙은
조급증을 이긴다

아이를 키우는 과정은 기다림의 연속이다. 갓난아기가 스스로 일어나서 앉고, 걷고, 말하고, 글자를 알게 되고, 혼자 살아갈 수 있을 때까지는 상당한 시간이 걸린다.

모든 일은 때가 있다는 걸 알지만 아이를 키우다 보면 자꾸만 조바심이 생긴다. 가령, 또래 아이가 말문이 트이고 걷기 시작하는 것을 보면 엄마는 걱정을 시작한다.

'왜 애는 아직 엄마 소리를 못하지?'

'다른 애들은 걷는데 우리 애는 왜 걸음마를 시작하지 않지?'

옆집 아이가 한글을 읽기 시작하고 영어 공부를 하고 있다는 말을 들으면 조바심은 최고조에 달한다.

'이러다 내 아이만 뒤처지는 것은 아닐까?'

아이를 키우다 보면 교육에 대한 견해가 달라 부부 싸움을 하는 일도 종종 생긴다. 이렇게 하면 좋다더라, 저렇게 하면 안 된다더라는 주변 사람들의 말에 휩쓸려 다니기도 한다.

'혹시나'가 조급증을 불러온다

옆집 아이와 내 아이를 비교하면서 고민에 빠지기도 한다.

"아직도 한글을 몰라요? 방문 학습지 하나는 해야죠."

"어릴 때부터 수 개념을 키워주는 학습을 시켜야 나중에 수학을 잘한대요."

어릴 때 마음껏 뛰어노는 게 가장 좋다고 생각했던 부모도 한순간에 마음이 흔들리기도 한다. 내 아이를 최고로 키우고 싶은 욕심 때문이 아니라 이러다간 꼴찌를 할지 모른다는 불안감 때문이다.

엄마들은 "우리 아이는 벌써 ~해요"라고 말할 때 가장 기쁘고, "아직 ~를 못해요?"라는 말을 들을 때 가장 큰 스트레스를 받는다. 소신대로 교육을 시키겠다고 마음먹었던 사람도 주변에서 들려오는 소리를 듣다 보면 마음이 조금씩 흔들린다.

엄마들이 조급해지는 것은 요즘 같이 경쟁이 치열한 시대에 우리아이가 혹시라도 뒤떨어지면 어쩌나 하는 걱정 때문이다. 그래서 뭐든지 빨리 시작하는 게 좋다고 생각하는 것이다.

육아는 일찍 출발한다고
빨리 끝나는
단거리 달리기가 아니다.

그러나 모든 것은 거쳐야 하는 과정이 있다. 이제 막 걸음마를 시작한 아이에게 뜀박질을 가르친다고 해서 하루아침에 아이가 뛸 수는 없다. 아이는 걸음마하는 시간을 충분히 거친 후에야 비로소 뜀박질을 할 수 있다.

부모는 아이가 거쳐야 하는 과정을 모두 다 거칠 때까지 기다리는 수밖에 없다. 억지로 가르치고 보챈다고 될 일이 아니기 때문이다.

아이를 키우는 과정은 단거리 달리기가 아니다. 100미터나 200미터처럼 짧은 거리를 달리는 것이라면 얼마나 일찍 출발하느냐에 따라 결과가 엄청나게 달라질 것이다. 그러나 육아는 조금 일찍 출발한다고 해서 그만큼 빨리 끝나는 단거리 달리기가 아니다. 굳이 비교한다면 육아 과정은 42.195킬로미터를 완주해야 하는 마라톤과 비슷하다. 출발선에서부터 결승선까지 자기 능력을 조절해 가며 일정한 컨디션을 유지해야 한다. 그래야 지치지 않고 육아의 과정을 완수할 수 있다.

일관성 있는 원칙을 가져라

육아의 종착지는 아이가 독립적인 인간으로 혼자 섰을 때이다. 대소변을 일찍 가리고 한글을 일찍 깨우친다고 해서 육아 기간이 줄지는 않는다.

주의 집중력은 개인에 따라 많은 차이가 있다. 그러나 유난히 변덕스럽거나 싫증을 잘 내는 아이라면 일단 부모의 양육 태도를 돌아봐야 한다. 산만함은 아이의 학습능력과 생활습관에도 영향을 미칠 수 있으므로 가급적 어릴 때부터 적절히 지도하는 것이 좋다.

예를 들어 엄마가 너무 조바심치며 교육을 시키거나 어려운 학습 교재를 가지고 공부를 시키면 아이의 집중력은 떨어진다. 이럴 때 집중하지 않는다고 면박을 주기보다는 아이가 관심 있어 하는 것이 무엇인지를 눈여겨보고 그것에 집중할 수 있게 도와주어야 한다.

일반적으로 머리가 나쁘다고 할 때 보면 지적인 능력보다 집중력이 떨어지는 경우가 많다. 보통 집중력이 부족한 아이는 과잉행동까지 보이는 경우가 많은데, 이런 아이는 교실에서 자기 자리에 가만히 앉아 있지 못하고 이리저리 돌아다니기도 한다.

어릴 때 이러한 증상을 보이면 '학교에 들어가면 나아지겠지' 하며 지나치기 쉬운데 막상 학교에 가면 학교생활이나 학습태도에서 문제가 불거질 가능성이 높다.

아이를 키우면서 가장 중요한 것은 부모의 일관성 있는 태도이다. 훌륭한 자녀교육 이론이나 방법이 모든 부모에게 유용한 정보가 되는 것은 아니다.

그러나 우리 주변에는 일찍부터 글자를 읽고 쓸 줄 알면 영재로 자란다고 착각하는 부모가 의외로 많다. 자녀교육의 원칙을 확고하게

세우면 부모 스스로 그에 걸맞은 육아법을 만들어
갈 수 있다. 반대로 부모가 원칙을 가지고 있지 않
으면 매번 선택의 기로에서 걱정과 우려가 교차하
며 흔들리게 된다. 즉 목적지 없이 떠나는 배는 바다를 표류할 뿐이
지만 목적지를 분명히 가지고 있는 배는 바다를 유유히 항해하는 것
이다.

　부모는 아이를 앞세워서 자신의 뜻을 이루려 해서는 안 된다. 오히
려 아이 스스로 온갖 역경을 이겨내고 홀로 우뚝 설 때까지 묵묵히 지
켜보며 기다려주는 사람이 되어야 한다.

아이의 민감기를 알면
계획이 제대로 바뀐다

0~3세의 아이를 스펀지 혹은 찰흙에 비유하는 학자들이 많다. 스펀지처럼 주어지는 대로 모든 것을 흡수하고, 찰흙처럼 만드는 대로 형태가 달라지기 때문에 이 시기의 교육적 효과는 대단하다.

아기는 생후 1년 반 정도까지 부모와의 스킨십과 대화를 통해 '자극 허기Stimulus Hunger'를 채우고, 부모와 강한 애착 관계를 형성한다. 안아주고 만지고 뽀뽀해주는 신체적 접촉은 아기의 자극 허기를 채워준다. 부모가 아이를 만지고 쓰다듬는 행위는 피부접촉을 통해 대뇌까지 전달되어 일종의 엔도르핀과 같은 세로토닌을 분비시켜 아이의 기분이 좋아지게 된다. 이런 일이 반복되어 세로토닌의 체내 축적이 이루어진 아이는 위기대처능력이 생긴다는 연구 보고가 있다.

이 시기에 부모가 충분히 놀아주면 아기는 자신이 사랑받는 존재라

만지고 뽀뽀해주는 신체적 접촉은 아기의 자극 허기를 채워준다.

고 인식하며 정서적으로 안정감을 얻는다. 그리고 훗날 다른 사람들과 원만한 인간관계를 형성할 수 있는 자신감이 이 시기에 형성된다. 반대로 이 시기에 자극 허기가 채워지지 않은 아이는 불안감을 느껴 위기대처능력이 생기지 않으며, 자신감 형성에도 문제를 일으킨다.

어릴 때는 부모와 몸으로 부대끼는 신체적 접촉을 통해 자극 허기를 채우지만, 어느 정도 자라면 말로 칭찬받고 인정받는 '인정 허기Recognition Hunger'를 채우고 싶어 한다. 예를 들면 "넌 참 잘하는 게 많구나", "이런 아들을 두어서 엄마는 행복하단다" 등의 말로 능력을 인정받고 싶은 것이다. 이 과정에서 아이는 자신감이 생긴다.

이탈리아의 교육학자인 몬테소리는 적절한 자극과 인정을 필요로 하는 시기가 무언가를 배우기에 적당한 시기라며, 이 시기를 '민감기Sensitive Period'라고 이름 붙였다. 이것은 교육학에서의 '결정적 시기Critical Period'와 같은 개념이다.

몬테소리의 이론에 따르면, 한 살짜리 아이에게 글자를 가르치려 해도 이때는 언어 습득에 대한 민감기가 아니므로 아이는 그것을 받아들이지 못한다. 다시 말해 민감기란 유전적으로 미리 정해진 기간으로, 해당 시기가 되면 아이가 특정 과제를 배우고 싶어 하고 강한 호기심을 보인다. 부모들이 아이들의 민감기를 미리 알고 있으면 각각의 시기에 아이에게 무엇을 가르치고 어떤 부분을 개발해주어야 할지 계획을 세울 수 있을 것이다.

모든 것에는 '민감기'가 있다

대개 생후 3년까지가 질서에 대한 민감기에 해당한다. 이 시기의 아이들은 질서에 대한 강한 욕구를 가지고 있다. 예를 들어 우산이 제자리에 있어야 된다는 질서 욕구를 가지고 있는 아이가 있다고 하자. 이아이는 우산이 식탁 위에 놓여 있으면 울지만 우산을 우산꽂이에 꽂으면 울음을 멈출 것이다.

아이가 돌이 지나면서 세부적인 것에 대한 민감기가 시작된다.

바닷속을 그린 그림을 감상한다고 하자. 이때 어른들은 그림에서 큰 물고기를 바라보지만 이 시기의 아이는 큰 물고기보다 그 밑의 작은 식물들을 관찰하며 아주 작은 것을 찾고 발견한다. 큰 것보다 세부적이고 작은 것에 더 민감하게 반응하는 시기이기 때문이다. 심지어 책상 밑에 붙어 있는 스티커까지 발견할 정도로 사소하고 작은 것에 관심을 보인다. 그런 모습에 엄마 아빠는 '우리 아이가 큰 과학자가 되겠네' 하는 행복한 기대감을 품기도 한다.

아기가 엄마와 처음으로 대화하는 시기인 옹알이기는 언어에 대한 민감기로 볼 수 있다. 아기가 알아들을 수 없는 소리로 생후 6개월부

터 옹알이를 하더라도 그냥 지나치지 말고 "그러
니?", "그렇구나"라며 아이와 눈을 맞추고 상호작용
을 많이 해주어야 한다. 그래야 3세 이후에 언어로
표현하게 될 때 그동안 들었던 많은 수용언어가 표현언어로 바뀌어
언어적 재능을 보이게 된다.

　보통 1~3세까지는 언어에 대한 무의식적인 민감기이다. 아이는 이
시기에 들은 것을 머릿속에 모두 저장했다가 3세 이후에 말을 하기
시작하면서 끄집어내어 활용한다. 언제 저런 말을 배웠을까 싶을 정
도로 아이가 어느 날 갑자기 말이 느는 것도 이 때문이다. 따라서 이
시기에 엄마가 말도 많이 걸어주고 책도 많이 읽어주어야 한다.

　3~6세까지는 언어에 대한 의식적인 민감기로, 가족들과 소통을 하
고 친구들과의 놀이를 통해 언어가 중요한 도구임을 알게 되는 시기
이다. 이때는 모국어 하나만 제대로 할 수 있도록 하는 것이 좋다.

　이중 언어를 이 시기부터 동시에 시작해서 제2외국어가 늘지 않는
사례가 종종 나온다. 그것은 아이에게 아직 모국어가 제대로 자리 잡
히지 않았기 때문이다. 이런 상태로 외국어 교육을 지속시켜 국어와
제2외국어를 둘 다 망치는 경우도 있다. 제2외국어 좀 잘해보겠다고
했다가 국어가 거의 4세 수준에서 멈춰버린 아이를 상담한 적이 있다.
개인적으로 이런 일을 대할 때마다 안타깝기 그지없다.

걷기에 대한 민감기는 1세 이후이다. 이 시기의 아이는 무언가를 하기 위해 걸어가는 게 아니고 걷는 것 자체가 목적이 된다. 아이는 걷는 행위가 신기하고 재미있어서 걷는 것이다. 그리고 아이는 자신의 몸을 마음대로 이끌면서 자율성과 주도성을 기르게 된다.

아이가 걷기 시작하면서 2세 반이 지나면 끊임없이 양손을 함께 사용한다. 만약 이 시기에 양손을 쓰지 못하게 하면 매사에 관심이 없는 아이로 자라게 된다. 즉 멍청한 아이, 생각하기 싫어하는 아이가 된다는 말이다. 게다가 아이들의 양손 사용은 창의력과도 밀접한 관계가 있다.

아이들은 여러 가지를 조작해보고 만져보면서 시행착오를 통해 지능이 개발된다. 이러한 과정에서 인지적 자극을 받은 아이는 많은 것들을 궁리하게 되지만, 시키는 것만 하는 아이는 결코 창의적인 아이로 자랄 수 없다.

18개월에서 3세 사이에 아이는 자기를 표현하기 시작하는데, 공격적인 충동을 보이면서 자기주장을 하기도 한다. 어차피 할 거면서 일단은 "싫어"나 "안 해"라고 반항 섞인 말과 행동을 보이는 것도 이 시기이다. 아이의 모든 반응은 발달과정상으로 보면 지극히 정상적이기 때문에 이런 모든 과정을 즐길 수 있는 부모의 지혜가 필요하다. 만약 힘들어 하는 부모가 있다면 양육에 대한 예비지식이 없는 부모라고 할 수 있다.

시키는 것만 하는 아이는
창의적인 아이로
자랄 수 없다.

억눌린 감정 풀어주기

이때부터는 부모가 적절히 개입하면서 애정을 바탕으로 훈육을 해야
한다. 그래야만 자율성과 독립성, 충동조절능력 등을 키워줄 수 있고,
옳고 그름과 해야 할 일, 하지 말아야 할 일을 가르쳐줄 수 있다.

이 시기에 적절한 훈육이 이루어지지 않은 아이는 나중에 여러 가
지 형태로 문제행동을 보인다. 아이가 공격적이고 폭력적인 성향을
보인다면 부모와의 애착이 부족하거나 심리적으로 욕구불만이 쌓여
있다고 보아야 한다.

아이가 매우 엄격하고 통제가 심한 부모 밑에서 자란다고 하자. 아
이는 겉으로는 매우 순종적이고 잘 지내는 것처럼 보인다. 그런데 자
신이 하고 싶은 것을 하지 못하고, 하기 싫은 것을 억지로 할 때가 많
은 만큼 아이는 내적으로 계속 불만이 쌓이게 된다. 이런 아이는 부모
의 통제를 벗어나 밖으로 나오면 친구를 때리는 것 같은 난폭한 행동
이 나타날 수 있다. 그동안 쌓였던 욕구불만이 터지는 것이다. 순종적
인 아이가 바깥에 나갔을 때 난폭한 행동을 보인다면 욕구불만의 원
인을 찾아 해결해주어야 한다.

동생이 생긴 세 살 된 여자아이가 손가락을 빨기 시작했다. 그것은

동생이 생긴 상황을 감당할 수 없어 보이는 퇴행성 행동이다. 이럴 때 엄마는 큰아이와 산책도 함께 나가고, 아이에게 책도 읽어주는 등 함께하는 시간을 만들어야 한다. 그 속에서 아이가 정서적으로 친밀감과 안정감을 느낄 수 있게 해야 한다. 어린 동생과 마찬가지로 자기도 부모에게 사랑받는 존재라는 심리적 충족감을 느끼게 되면 아이의 손가락을 빠는 퇴행성 행동은 서서히 자취를 감출 것이다.

만약 노력해도 부모가 아이와 함께할 수 있는 시간이 부족하다면 손가락 그림Finger Painting, 퍼즐놀이, 찰흙놀이, 그림 그리기, 블록쌓기 등 손을 사용하는 놀이를 시켜주는 것도 좋다. 손가락을 빠는 행동을 줄여줄 수 있는 좋은 방법이다.

두 살과 네 살의 형제가 있는데 큰아이가 동생의 장난감을 부수기도 하고, 엄마가 동생을 돌보고 있으면 울고불고 떼를 써서 속상하다는 엄마가 있었다. 동생이 잠을 자고 있으면 건드려서 깨우기도 한다고 했다. 큰아이는 지금 엄마의 사랑을 원하고 있다. 그런데 동생을 돌보느라 엄마가 자신과 함께 있어 주는 시간이 거의 없다. 게다가 조금만 뛰어놀아도 동생 깬다고 늘 조용히 하라고 한다. 큰아이는 이런 억눌린 감정을 공격적인 행동으로 표현하고 있는 것이다. 엄마는 아이의 마음을 잘 헤아려줄 필요가 있다.

동생을 질투하는 아이가 있다면 이런 방법을 써보자.

첫째, 큰아이의 장점을 찾아서 칭찬해주자. 남다른 것을 찾으라는 것이 아니다. 사소한 것이라도 찾아서 칭찬해주면 아이는 엄마의 사랑을 느끼게 될 것이다.

둘째, 동생보다 조금만 늦게 재우자. 큰아이가 엄마와 아빠를 독차지하는 시간을 만드는 것이다. 30분 정도 놀아주거나 엄마 품에서 잠들게 하는 것도 좋다.

셋째, 어떻게 놀아줘야 할지 모를 때는 큰아이에게 뭘 하고 놀고 싶은지를 묻자. 놀이법을 선택하게 하면 아이는 엄마와 아빠가 자신을 존중하고 믿어준다고 생각한다.

넷째, 아빠와 노는 시간을 만들어주자. 엄마는 동생을 돌보느라 바쁘니까 아빠가 큰아이와 충분히 놀아주게 하는 것이다. 아빠와 신나게 놀면 아빠를 좋아하게 될 뿐만 아니라 엄마에 대한 서운한 마음도 풀어진다.

다섯째, 동생 때문에 퇴행성 행동을 하는 큰아이를 귀찮게 생각해서는 안 된다. 오히려 각별히 사랑해줘야 한다는 신호로 받아들여서 좀 더 깊은 관심과 따뜻한 시선을 주고, 함께하는 시간을 더 많이 갖도록 노력해야 한다.

아이는 발달단계에 맞춰
스스로 자란다

'세 살 버릇 여든까지 간다'는 옛말이 있다. 유아교육의 중요성을 가장 극명하게 드러낸 말이다. 아이의 성격은 다섯 살 이전에 엄마와 어떤 상호작용을 하느냐에 따라 결정된다. 어려서 모를 것이라고 생각할지 모르겠지만 아이들은 가장 가까이에 있는 부모의 모습을 보고 배우며 따라 한다.

1단계 신뢰감 쌓아주기(0~1세)

인간의 발달단계를 연구한 에릭슨은 아이가 인생 초기에 접하게 되는 인적 환경으로 양육자와의 관계를 강조했다. 이 시기는 아이가 울음으로 모든 것을 표현하는 시기인 만큼 주양육자인 엄마가 울음의 종류를 잘 파악해서 일관성 있게 양육해야 한다.

가령 아이가 배고파 울면 젖을 주고, 기저귀가 젖어 울면 갈아주는 과정에서 아이와 양육자 사이에 신뢰감이 싹튼다. 그런 신뢰감이 쌓이면 비슷한 상황에 처했을 때 아이는 울지 않고 기다리게 된다. 오줌을 쌌는데 엄마가 바로 달려와 기저귀를 갈아주지 않더라도 울지 않고 기다리게 되는 것이다.

그러므로 이 시기에는 아이의 울음이 의사소통이다. 아이가 울면 배가 고파 우는지, 기저귀가 젖어서 우는지, 졸려서 우는지, 놀고 싶어 우는지, 아파서 우는지를 구별해내야 하는 것이다.

예컨대, 배가 고파 우는데 아무도 오지 않고, 기저귀가 젖어 우는데 몇 시간을 내버려둔다면 아이는 양육자를 신뢰할 수 없다. 그리고 이러한 상황이 반복되어 욕구 충족이 지연되면 점차 아이는 불안감이 싹트게 된다.

이 시기의 아이는 시간 개념이 없기 때문에 어떤 위기가 닥치면 그 위기가 계속될 것이라고 생각한다. 그래서 더 무기력해지고 불신감과 두려움을 키우게 된다. 인생 초기에 이러한 불신감을 경험한 아이는 부정적인 자아를 가지고 순조롭지 못한 다음 단계를 밟게 된다.

어린아이에게 즉시 반응해주면 응석받이로 키울 위험이 있다는 말도 하는데, 그렇지 않다. 오히려 우는 아이에게 민감하고 즉각적으로 반응해주어야 세상을 긍정적으로 바라보게 된다.

2단계 자율성 키워주기(1~3세)

아이가 걷기 시작하는 것은 '제2의 탄생'을 의미한다. 걸으면서 이것 저것 사물을 살피고 끊임없이 무언가를 할 수 있는 시기이다.

돌이 지나면서부터 아이의 개성이 드러나기 시작하는데, 호기심이나 장난기, 과시욕으로 요구사항이 많아지고 부모가 항상 돌보아주어야 한다. 화가 나면 물건을 집어던지기도 하고, 혼자 하는 것을 좋아할 수도 있지만 여전히 사람들이 도와주기를 바란다.

2세가 되면 엄마 아빠의 행동을 따라 하려는 욕구가 강해진다. 스스로 이를 닦고 손을 씻으려 하고, 심지어 밥 먹고 옷 입는 것까지 자신이 하겠다고 고집을 피운다. 숟가락질을 제대로 못해 여기저기 흘리고 정작 입에 들어가는 것이 거의 없는데도 끝내 자기가 하겠다고 고집을 부린다. 엄마 아빠를 따라 집안일을 흉내 내기도 하고 신문을 보기도 한다.

아이가 혼자서 무언가를 한다고 하면 시간이 더 오래 걸리고 일을 더 많이 저지르게 된다. 그래도 자기가 하겠다고 나설 때는 도움을 청해오기 전까지는 옆에서 지켜보면서 스스로 할 수 있도록 해주는 것이 좋다. 이럴 때 못하게 하면 아이는 수치심을 느끼게 된다. 또한, 아

아이가 하겠다고 할 때
못하게 하면
수치심을 느낀다.

이의 활동을 제재하면서 많은 것을 해준다면 자율성에 문제가 생길 수 있다. 어느 정도 한계를 정해 놓고 그 범위 안에서는 최대한의 활동을 인정해주는 게 좋다.

배변 훈련 때도 마찬가지다. 아이들은 스스로 장운동을 통해 배변을 성공하면서 자율성이 생기고, 실수하면서 수치심을 갖는다. 이런 과정에서 엄마 아빠의 기대와 칭찬은 좋은 활력소가 되지만, 야단치거나 창피함을 주면 소심해지고 위축된다. 이후에도 아이들은 처음 자전거를 탈 수 있게 될 때, 인내심을 발휘해 퍼즐을 완성해낼 때, 다른 아이들과 잘 지내고 장난감을 나누어 쓸 때 엄마 아빠가 기뻐하는 모습을 보고 더욱 분발하고, 계속 새로운 것에 도전하며, 자아를 성장시켜 나간다.

3단계 주도성 키워주기(3~6세)

이 시기의 아이는 신체적으로 활발한 활동을 하며 집안 곳곳을 돌아다닌다. 이러한 놀이를 통해 아이는 점차 사회화되어 간다. 자기 수준에 너무 쉬운 퍼즐이나 시시한 장난감은 금방 싫증을 내고 해내기 어렵거나 위험해 보이는 행동을 몇 번씩 시도한다.

아이가 장난감 하나를 계속해서 가지고 노는 경우가 있다. 엄마 아빠는 질리지도 않나 하는 심정으로 바라보지만 아이는 그 장난감으로 뭔가를 잘 해내고 있다는 만족감을 느낀다. 아이 스스로 그 장난감을 가지고 노는 놀이에 숙달됐다고 느끼면 다른 장난감을 찾을 것이다.

만약 아이가 너무 같은 놀이만 반복한다고 생각된다면 그 놀이에 조금씩 변화를 줄 수 있도록 제안하는 것도 좋다. 아이가 엄마놀이만 계속한다면 "엄마가 오늘은 아기랑 병원에 가야 한대"라며 자연스럽게 병원놀이로 유도하는 것이다.

이 시기에는 활동량이 늘어나고 밖에서 노는 시간이 많아져 '골목 문화' 또는 '또래 문화'가 형성되기 시작한다. 그래서 어린이집이나 유치원에서 단체생활을 경험하게 하는 것도 좋다.

이 시기에 아이가 주도할 수 있도록 활동을 배려하지 않으면 아이가 죄책감을 느끼기도 한다. 가령, 같은 아파트에 사는 꼬마 몇 명이 모여 무언가 재미있는 놀이가 없을까 고민하다가 현관 앞 계단에서 모래 쌓기 놀이를 시작했다. 모래를 잔뜩 퍼 날라 와 계단에 쏟아 붓고 모래를 쌓으면서 아이들은 서로 역할을 분담하는 법도 배우고, 무언가를 완성했다는 기쁨도 느낄 것이다.

그런데 어른들의 눈에는 아이들의 놀이가 현관을 모래로 더럽히는 '사고'로 보인다. 한 성격하는 사람은 "너 몇 호 사니? 왜 이렇게 계단을 더럽혔어? 당장 치우지 못해!"라고 혼을 낼 수 있다. 이 시기의 아이들은 무언가를 주도하려 했다가 야단을 맞게 되면 죄책감을 갖게 된다.

또, 미끄럼틀을 거꾸로 올라가거나 나무에 기어오르고 좁은 평균대를 뛰어다니는 등 어른이 보기엔 사뭇 위험해 보이는 놀이를 하면서 즐거워하기도 한다. 이럴 때는 무조건 못하게 할 게 아니라 어떤 놀이가 위험하고, 왜 해서는 안 되는지를 정확하게 설명해주어야 한다.

4단계 근면성 키워주기(6~11세)

처음 초등학교에 입학하거나 상급 학교에 진학할 때 가장 문제가 되는 것이 '등교 기피증'이다. 한 조사에 따르면 초등학생의 3~4퍼센트, 중·고등학생의 1퍼센트가 등교 기피증을 보인다고 한다.

초등학생이 보이는 등교 기피증의 가장 큰 원인은 부모와 떨어지는 것을 두려워하는 '분리불안 장애'이다. 문제 가정이나 과보호 속에서 자란 아이에게서 흔히 나타난다.

초등학교에 들어가면 당사자인 아이뿐만 아니라 학부모도 긴장한다. 게다가 준비물도 많아서 아직 스스로 자기 일을 챙기지 못하는 아이들은 준비물을 잊거나 빠뜨리는 경우가 많다. 그럴 때마다 선생님한테 야단을 맞게 되면 아이 입장에서는 학교에 가기 싫어지는 것이 당연하다.

　이 시기는 자아 성장의 결정적 시기이므로 숙제와 준비물을 꼼꼼히 챙겨주어야 한다. 처음에 잘 적응하지 못하면 열등감이 생겨 무능한 아이로 자랄 수 있다.

　아이 입장에서는 학교에 들어가 수업시간에 한자리에 앉아있어야 하는 것만으로도 고역이다. 그래도 너무 산만하거나 집중하지 못하면 학교생활에 적응하기 어려우므로 주의 깊게 살펴야 한다.

긍정적인 부모가
긍정적인 아이를 키운다

아이가 어릴수록 엄마의 영향력은 크게 작용한다. 그러므로 엄마는 자신의 정서가 우울하지 않도록 노력해야 한다. 소아 우울증은 대부분 엄마의 우울증에서 비롯된다. 늘 기분이 좋지 않고 매사에 의욕이 없는 엄마는 아이의 기분도 우울하고 불안하게 만든다. 따라서 소아 우울증은 100퍼센트 부모의 우울증에서 비롯된다고 보아도 무방하다.

대개 엄마들의 우울증은 육아로 인한 스트레스에서 오는 경우가 많다. 하룻밤에 몇 번씩이나 깨어 아기를 돌보다 보면 잠자는 시간이 절대적으로 부족하다. 그래서 단 몇 시간이라도 깨지 않고 잠을 잘 수 있으면 좋겠다고 소망한다. 이런 상태에서 어린아이의 뒤치다꺼리를 계속하다 보면 심신이 녹초가 된다.

엄마가 받는 스트레스나 그로 인한 우울증은 아기의 언어 인지 발달과 정서 사회성 발달에 상당한 영향을 미친다. 우울증에 빠진 엄마는 만사가 귀찮아진다. 그러다 보니 아기의 언어나 인지 발달에 관심이 없어지고, 단조롭고 낮은 목소리를 내기 때문에 아기가 말을 배우는 데 어려움을 겪게 된다. 또한, 아기와 눈을 맞추거나 반응해주는 시간이 적어 애착 관계가 제대로 형성되지 않기 때문에 아이의 정서와 사회성 발달도 늦어진다.

때로는 자신의 스트레스를 줄이려고 아이를 지나치게 통제하는 엄마도 있다. 그렇게 되면 아이는 마음껏 주변을 탐색하면서 배울 기회를 빼앗겨 소극적이고 수동적이 되며, 스트레스를 받게 된다.

우울증이 심한 경우에는 아기를 학대하기도 한다. 방임형 학대는 아이가 정서적으로 불안해지고 주눅이 들어 자신감 없는 아이로 자라기 쉽다. 나아가 남과 어울리는 데도 문제가 생긴다. 우울증이 있는 어머니에게서 태어난 아이의 자살률이 더 높다는 연구 결과가 발표되기도 했다.

아이가 어느 정도 자라 손이 좀 덜 간다고 해서 육아 스트레스에서 벗어나는 것은 아니다. 왜냐하면 잔손은 덜 가지만 대신에 점점 더 자기주장을 내세우고 고집을 피우기 때문이다. 이 시기에 부모는 솟구치는 화를 억누르기 힘들다고 말할 때가 종종 있다. 이 시기부터 엄마들의 면접 상담이 많아진다.

놀이 속에서 종합적인 능력을 키운다

아이를 키우는 과정에서 많은 부모들이 인내심, 자
기통제, 사랑, 배려, 책임감 등 다양한 감정들을 경
험한다. 대부분의 부모들이 아이 앞에서 인내심을 발휘하려 애쓰다가
도 어느 순간 분노가 폭발해 아이에게 상처를 입히고 결국 후회한다.

　어떤 부모는 자기는 애초에 인내심을 모른다는 듯이 아이 앞에서
전혀 정화되지 않은 모습을 드러내기도 한다. 물론 부모가 아이 앞에
서 가식적인 모습을 보여서는 안 되겠지만 성숙한 모습을 보이도록
노력해야 한다. 그래야 아이에게도 성숙한 모습을 기대할 수 있다. 그
러기 위해서는 부모가 먼저 정서적으로 안정감을 회복해 편안하고 긍
정적인 마음 상태를 유지할 수 있도록 노력해야 한다.

　초등학교에 입학하기 전까지 대부분의 EQ$^{Emotional\ Quotient}$(감성지수)와
JQ$^{Joy\ Quotient}$(기쁨지수)가 형성된다. EQ와 JQ가 높아야 감정이 풍부하고
올바른 정서를 가진 아이로 성장한다. 그래야 IQ도 높아진다.

　아이의 능력을 발달시키기 위해 다양한 체험활동에 데리고 다니는
부모들이 많다. 그보다 효과적인 방법이 또래와 어울려 놀게 하는 것
이다.

　특히 3~6세의 아이는 충분히 놀고 행복한 기분을 느끼는 것이 중
요하다. 아이는 즐겁게 놀면서 많은 것을 배우고 학교교육에 필요한

여러 가지 능력을 기른다. 즉 놀이를 통해 종합적인 사고능력이 발달되는 것이다.

표정이 모든 것을 전달한다

아이에게 사랑만 쏟아 붓는다고 좋은 부모가 되는 것은 아니다. 아이의 개성과 성격, 가정환경이나 경제적 여건에 맞는 가장 적절한 육아방식을 찾아내야 한다.

특히 다른 사람의 입장을 얼마나 잘 이해하느냐는 EQ와 JQ를 결정짓는 중요한 요소가 된다. 다른 사람이 칭찬받으면 속상해하고 자신이 벌을 받으면 억울해하는 아이는 원만한 대인관계를 맺기 힘들다. 남들이 기쁜 일이 있을 때 같이 기뻐해주고 남들에게 슬픈 일이 생겼을 때 함께 슬퍼해줄 수 있는 아이가 EQ와 JQ가 높다.

아이를 꾸짖을 때 입장을 바꿔 다른 사람의 기분을 생각하게 하여 감수성을 길러주는 것도 좋은 방법이다. 예를 들면 "친구를 놀리면 안돼" 대신에 "네가 그렇게 놀리면 친구가 얼마나 슬프겠니?"라고 말하면 된다.

부모 입장에서는 아이의 EQ나 JQ를 높여주기 위해 내키지 않는 일을 해야 할 때가 있다. 가령, 아이와 어린이날 나들이를 계획하는데 사람 많고 복잡한 놀이공원에서 하루를 보낼 생각을 하면 즐거운 마놀이는 학교교육에 필요한 여러 가지 능력을 길러준다.

음이 되기 어렵다. 그러나 아이는 모처럼만에 놀이 공원에 간다는 생각에 한껏 기대감이 부풀어 오를 것이다. 이럴 때 부모가 짜증스럽고 정말 가고 싶지 않다는 표정을 지어서는 안 된다. 아이들은 금세 부모의 진심을 읽어낸다.

사람의 표정은 쉽게 전염되는 특성을 가지고 있다. 슬픈 표정을 짓고 있는 사람 곁에 있으면 나도 슬퍼지고, 쓸쓸한 표정을 짓고 있는 사람 곁에 있으면 저절로 쓸쓸한 기분이 된다. 마찬가지로 화가 나서 씩씩대고 있는 사람 곁에 있으면 나도 모르게 화가 난다. 마음의 상태가 표정에 나타나고 주변 사람들에게 전염되기 때문이다.

말로는 마음을 숨길 수 있지만 표정은 억지로 만들기도 어렵고 숨기기도 힘들다. 아이에게 진심을 전달하고 싶으면 반드시 표정에 신경을 써야 한다. 부모의 기쁨은 곧 아이의 기쁨이다. 일상에서 긍정적으로 생활하는 부모와 함께할 때 아이가 진정으로 건강하게 자란다.

'까까' 대신
'과자'라고 말하라

옹알이는 아기가 태어나서 처음 하는 말이다. 무언가를 중얼거리고 감탄사 비슷한 소리를 내뱉는 옹알이를 시작하면서부터 아기는 조금씩 말을 배워 간다.

부모들은 아무 의미 없는 아기의 감탄사 비슷한 소리를 '엄마' 또는 '아빠'라고 알아듣고 신기해한다. 아기의 정확하지 않은 말을 그대로 따라 하기도 한다. 그런데 부모가 아기를 따라 발음이 부정확한 '유아어'를 자주 사용하면 아이의 언어 발달에 악영향을 미칠 수 있다. 아기가 올바른 단어를 배울 기회를 갖지 못하고 유아어가 굳어지면 나중에 바른 말을 쓰는 데 지장이 생기기도 한다. 이를 막기 위해서는 어린아이의 언어 구사 수준에 보조를 맞추려는 부모의 자세를 고치는 것이 좋다. 아이가 어리다고 해서 유아어나 토막말을 사용하지 말고 정확한 단어를 써서 완전한 문장으로 말해야 한다.

예컨대, 아기가 "맘마" 또는 "까까"라고 말을 하면 대부분의 엄마는 "응? 맘마!" 또는 "응? 까까!"라고 대답한다. 그러나 이것은 바람직하지 않다. "으응, 우리 아기가 배가 고프구나. 무얼 먹을까?" 또는 "과자는 다 먹고 없는데 엄마랑 과자 사러 갈까?"라고 정확한 문장으로 말해야 한다.

물론 표준말을 쓰고, 문법적으로 틀린 표현이나 잘못된 경어 사용도 삼가야 한다. 왜냐하면 아이가 말을 못하는 시기에 들었던 엄마의 말을 머릿속에 기억해 두었다가 나중에 사용하기 때문이다.

누군가는 아이의 머리를 컴퓨터와 같다고 했다. 말문이 트이기 전에 많은 것들을 들은 아이는 그것을 저장했다가 나중에 활용해서 말을 하게 된다. 올바른 정보가 입력Input되고 저장되어야만 올바른 언어 구사라는 출력Output을 보장받을 수 있다.

아이의 언어 구사력을 키워주는 데 책을 읽어주는 것만한 것이 없다. 특히 문어체 문장을 많이 들려주면 논리적인 아이가 된다.

무의식적 언어기인 0~3세까지는 듣는 기회를 많이 만들어주고 의식적 언어기인 3~6세에는 언어를 통해 비교하며 사고를 구체화하도록 도와주어야 한다. 아이와 '끝말잇기' 게임을 해보는 것도 어휘력이나 언어 추리력을 키우는 데 좋다. 단, 이때는 모국어를 먼저 가르치고, 초등학교 3학년 때부터 제2외국어를 가르쳐야 모국어를 통한 언어 전이가 이루어져 더 큰 효과를 볼 수 있다.

말 많은 엄마 되기

평소에 아이가 원하는 것이 있을 때 말로 표현하는 습관을 길러주어야 한다. 아이가 울거나 떼쓰면서 요구하는 것을 들어주는 부모는 아이를 울보나 떼쟁이로 만들 수 있다. 울거나 떼를 쓸 때보다 아이가 말로 정확하게 의사를 표현했을 때 요구사항을 들어주는 것이 언어 환경에 좋다.

아이는 부모를 흉내 내면서 말을 배워 간다. 그래서 일반적으로 말수가 적은 엄마보다 말을 많이 하는 엄마가 아이의 언어 발달에 도움이 된다.

두 아이를 키우며 직장생활을 하는 엄마가 상담을 온 적이 있다. 첫째아이는 어려서 옹알이할 때부터 엄마가 같이 지냈고 책도 많이 읽어주었다. 그래서 또래보다 아주 말을 잘하는 아이로 자랐다. 그런데 둘째아이는 태어난 지 얼마 되지 않았을 때 엄마가 지방 대학에서 강의를 맡게 되었다. 그래서 시골 할머니에게 양육을 맡겼다.

귀가 조금 어두웠던 할머니는 아이에게 즉각적으로 반응하는 데는 어려움이 없었다. 왜냐하면 할머니는 아이가 요구하기 전에 미리미리 챙겨주려고 노력했기 때문이다. 할머니가 워낙 부지런한 편이어서 아이가 어릴 때는 아무런 불편 없이 잘 지냈다. 그런데 말을 할 때가 지나면서 문제가 불거졌다. 말문이 트일 때가 꽤 지났는데도 아이가 전혀 말을 하지 못하고, 하려고 들지도 않았기 때문이다.

이 아이의 원인은 상호작용이 부족한 데 있었다. 할머니가 아이의 옹알이나 말을 듣고 상호작용을 하지 않고 미리미리 알아서 해주었기 때문이다. 이 아이는 3세 이후에 놀이치료와 언어치료, 사회성 치료를 받으면서 아주 서서히 말을 하기 시작했고, 몹시 괴로운 시간을 대가로 치러야 했다. 왜냐하면 중요한 결정적 시기를 놓쳤기 때문이다.

일반적으로 듣기는 말하기를 잘하는 것과 연관되어 있고, 읽기는 쓰기에 도움이 된다. 아이가 듣기를 열심히 하면 말하기를 잘한다고 보아도 무방하다. 읽기를 많이 하는 아이는 쓰기가 수월할 것이다.

학령 전의 아이들은 말을 시작하면서 직접 경험하고 주변으로부터 들은 것들을 말하는 재료로 사용한다. 취학 후에 많은 책들을 주도적으로 읽은 아이들은 글쓰기에 수월성을 보이는 것으로 연구 보고되고 있다. 어려서부터 누군가의 말을 집중해서 듣는 습관은 모든 학습의 기초가 된다는 점을 기억해야 한다. 처음부터 부모의 말을 집중해서 잘 듣는 아이로 키워야 한다는 말이다.

더욱이 올바른 언어 습관은 아이 자신에게도 유익하지만 또래와의 관계를 원만하게 만들어 사회성이 높은 아이로 자라게 한다. 그만큼 인간관계의 기초 학습으로서 언어는 매우 중요한 도구가 된다.

멀티 지능형 아이,
부러워하지 마라

사람마다 생김새가 다르게 태어나듯이 성격과 재능도 마찬가지다. 일란성 쌍둥이를 둔 친구가 있다. 외모가 똑같이 생긴 쌍둥이라 성격도 비슷할 것이라고 생각했던 나는 친구 집에 갔다가 깜짝 놀랐다. 두 아이의 노는 모습이 많이 달랐고 요구사항도 달랐기 때문이다.

쌍둥이 중에 한 아이는 블록을 이리저리 맞추며 끙끙거리면서도 한참을 혼자 놀았다. 또 다른 아이는 이리저리 뛰어다니며 의자를 끌고 다니다가 장난감 자동차를 밀고 다녔다. 그러다가 엄마한테 와서 나가자고 졸라댔다.

두 아이는 식성도 확연히 달랐다. 한 아이는 고기반찬을 좋아하고 다른 아이는 국에 밥을 말아 김치와 먹는 걸 좋아했다. 일란성 쌍둥이인데 어쩜 저렇게 다를까 신기했다.

일란성 쌍둥이도 이렇듯 성격이 다르고 관심 분야가 다른데 다른 부모한테서 태어난 아이들이야 두말할 필요가 없다. 미국의 심리학자이자 교육학자인 하워드 가드너는 바로 이 점에 착안해 아이들마다 각기 다른 재능을 일찌감치 발견하여 특화할 수 있는 영역으로 10가지의 '다면적 지능 이론'을 만들어냈다.

지능의 개념은 18세기에는 재능, 19세기에는 학습능력, 20세기 초반에는 세상을 이해하는 능력, 20세기 후반에는 정보처리과정 능력으로 변화를 거듭해 왔다. 이러한 변천 과정을 거쳐왔지만 인류는 지능을 종합적인 틀에서 해석하지 못하고 언어적·수학적인 과제만을 중시해온 것이 사실이다.

우리나라의 사정도 크게 다르지 않다. 우리 사회에서 지성인이라고 하면 보통 학력이 높고 고소득의 직업을 가진 사람을 가리키는 경우가 많다. 어느 대학을 나왔느냐를 가장 중요하게 생각하는 게 현실인 만큼 대부분의 부모들은 자신의 아이가 다른 지능보다 언어적 지능과 논리·수학적 지능이 뛰어나기를 바란다. 이 지능이 뛰어나야 학교 성적이 높기 때문이다.

그러나 20세기가 낳은 최고의 천재라고 일컬어지는 아인슈타인이나 뛰어난 발명가인 에디슨은 학창 시절에 '모범생'은 아니었다. 오히려 에디슨은 주위 사람들이 바보가 아닐까 걱정했을 정도로 엉뚱한 행동을 일삼았던 인물이다.

모든 아이는
생김새가 다르듯이
다른 재능을 타고난다.

특출난 재능에 집중하는 지능 이론

재능은 어렸을 때 발견되기도 하지만 자라면서 서서히 드러나기도 한다. 대개 수학이나 음악, 미술, 운동에 관한 재능은 어릴 때 많이 드러나고, 그 외의 재능은 아이들이 자라면서 차츰 눈에 띄는 경우가 많다. 더구나 학교에 들어가기 전의 아이들은 아직 가능성이 많고 어느 분야에 소질이 있는지 확인하기가 쉽지 않으므로, 지금 당장 재능이 눈에 띄지 않는다고 조급해할 필요가 없다.

가드너가 주장하는 다면적 지능 이론은 우리가 흔히 생각하듯이 모자란 부분을 강화하거나 가지고 있지 않은 부분을 보완하기 위한 것이 아니다. 어떤 특정한 능력이 다른 아이에 비해 모자란다고 해서 그 부분을 더 학습시키기보다는 오히려 그 아이의 특출난 부분을 더 발굴하여 키워주는 것이 교육 효과가 크다고 보는 이론이다.

가령 수학에는 별 흥미를 못 느끼지만 춤은 기가 막히게 잘 추는 아이가 있다고 하자. 이 아이에게는 춤을 더 잘 출 수 있게 소질을 개발해주는 게 우선이지, 수학 과외를 시켜 수학 실력을 높이는 것은 별 의미가 없다.

주위에 휩쓸려 무조건 공부만 강요하면 아이는 부담감으로 스트레스가 쌓이고, 심해지면 반발심을 가지게 되어 타고난 재능을 찾기가 힘들어진다. 또한, 이것저것 시켰다가 이도 저도 못하는 상황이라도 생기면 오히려 아이의 자신감을 떨어뜨리는 결과를 초래하게 된다.

초등학교 교사들은 일찍부터 이것저것 해본 아이들은 수업시간에 집중하지 못하고 산만하며 새롭게 무언가를 배우고 학습하는 것에 재미를 느끼지 못한다고 지적한다. 안타까운 일이 아닐 수 없다.

초등학교에 들어가기 전에 이것저것 가르쳐서 못하는 것이 없는 아이로 만들고 싶은 부모의 심정이 이해가 가지 않는 것은 아니다. 그러나 아이는 부모에 의해 만들어지는 존재가 아니라 스스로 구성하는 존재이다. 선행학습으로 초등 3학년까지는 성적을 만들 수 있어도 초등 4학년부터는 사실상 불가능하다.

게다가 우리가 사는 시대는 개성으로 성공하는 시대이다. 어떤 분야가 제일 낫다는 과거의 획일적인 사고방식은 이제 통하지 않는다. 비록 부모의 기대와 다르더라도 아이가 가지고 있는 재능을 인정하고 꾸준히 개발할 수 있도록 이끌어주는 게 진정한 부모의 역할이다.

가드너가 주장한 10가지 다면적 지능에 대해 좀 더 알아보자.

언어적 지능^{Linguistic Intelligence}

보통 언어적 지능은 남자아이보다 여자아이가 높다. 또한, 소리에

민감한 아이가 대체로 말을 잘하고, 책을 즐겨 읽는
아이가 글을 잘 쓰게 된다. 듣기는 말하기, 읽기는
쓰기와 관련이 있기 때문이다.

　외국의 경우에는 책 읽는 문화, 즉 TV-OFF(텔레비전을 안 보는) 시
간대가 있느냐 없느냐에 따라 중산층이냐 아니냐를 판단하기도 한다.
가정에서의 활동 중에 책 읽는 활동을 그 어떤 것보다 우선하는 것이
다. 미국 국무장관을 역임한 헨리 키신저는 어릴 적 아버지의 책 읽는
모습을 흉내 내려고 책을 보다가 책을 좋아하게 되었다고 회고했다.

　아이의 언어적 지능이 얼마나 발달해 있는지를 알아보려면 책을 읽
어준 다음에 다시 얘기해 달라고 했을 때 아이가 자신이 이해한 것을
어느 정도로 잘 설명하는지를 보면 된다. 특별히 단어의 의미, 문장의
구조에 대해 민감한 아이들은 부모가 어려서부터 동화를 많이 구연해
주었거나 소리 내어 책을 읽어준 경우이다.

논리·수학적 지능Logical-mathematical Intelligence

　수학·과학·논리 분야의 천재들에게 특히 뛰어난 지능이다. 보통 퍼
즐이나 게임을 좋아하는 아이들이 논리·수학적 지능이 높고, 남자아
이가 여자아이보다 높은 경향이 있다. 아이가 계산이나 암산하기를
즐긴다든지, 문제를 해결하기 위해 실험을 한다든지, 무언가 비슷하

거나 다른 것을 분류하는 일에 몰두하며 체계적으로 생각하는 것을 좋아한다면 이 지능이 높다고 할 수 있다.

집 안에서 아이와 게임을 즐기면서 이 지능을 개발시킬 수 있고, 그 과정에서 아이가 집중하는 시간이 길어지면 논리적인 사고 체계를 갖추게 된다.

공간적 지능Spatial Intelligence

시·공간적 세계를 정확히 지각하고, 그 지각한 내용을 머릿속에서 변형시키거나 회전시켜볼 수 있는 지능이다. 아이가 자신이 느낀 것을 그림으로 얼마나 잘 표현하고, 색깔을 통해 얼마나 잘 시각화했는지를 보면 이 지능이 얼마나 높은지를 판단할 수 있다. 무언가를 구성하고 만들기를 좋아하는 아이는 공간적 지능이 높다고 볼 수 있다.

신체·운동적 지능Bodily-kinesthetic Intelligence

자신의 느낌을 신체의 동작을 통해 표현할 수 있는 지능이다. 어떤 소리를 몸놀림으로 잘 표현하고, 춤을 잘 추며 운동 능력이 있어서 몸이 민첩한 아이라면 신체·운동적 지능이 높다고 할 수 있다.

음악적 지능^{Musical Intelligence}

소리, 리듬, 진동과 같은 음의 세계에 민감하고,
사람의 목소리와 같은 언어적인 형태의 소리뿐만
아니라 비언어적 소리에도 예민한 사람은 음악적 지능이 높다고 할
수 있다. 음악의 형태를 잘 감지하고, 음악의 유형을 잘 구별할 뿐만
아니라 다른 음악 형태로 변형시키기도 하는 지능이다. 대개 가락이
나 리듬, 소리에 민감한 아이들이 이 지능이 높다.

대인 관계적 지능^{Interpersonal Intelligence}

다른 사람과 상호작용하는 능력, 다른 사람의 기질이나 기분, 동기,
의도를 잘 파악하여 적절히 대처하는 사람은 대인 관계적 지능이 높
다고 할 수 있다. 감성지수와 유사하다.

다수를 상대로 설득력 있게 강의하거나 설교하여 호응을 얻어내고
다수의 느낌이나 정서에 민감하게 반응하는 능력과 깊이 연관되어 있
다. 이 지능은 지능지수와는 무관한 실용적 지능이어서 사실상 수치
로 측정하기 어렵다. 대체로 어려서 또래 친구들과 잘 협동해서 즐겁
게 놀고, 어느 그룹에서나 리더 역할을 하는 아이가 이 지능이 높다고
볼 수 있다.

어느 그룹에서나
리더 역할을 하는 아이가
대인 관계적 지능이 높다.

개인 내 지능Intrapersonal Intelligence

소크라테스, 간디, 공자 등과 같이 내적 성찰을 통해 자신의 감정을 잘 알고 다스려 내적 감정의 흐름과 행동을 잘 조절하는 능력을 발현시키는 지능이다. 이 지능이 발달해 있는 아이는 자신의 느낌이나 기분, 장·단점, 특기 등을 잘 파악한다.

자연적 지능Natural Intelligence

동식물을 자세히 관찰하여 차이점이나 공통점을 찾아내고 분석하는 능력을 발현시키는 지능이다. 유난히 자연과 민감하게 교감하는 아이라면 자연적 지능이 높다고 볼 수 있다.

실존적 지능Existential Intelligence

삶과 죽음, 즉 실존 여부에 민감하여 우리 인간이 어디에서 왔으며, 산다는 것은 무엇이고, 과연 우리는 누구인가를 깊이 고민하는 사람이라면 실존적 지능이 높다고 할 수 있다.

도덕적 지능Moral Intelligence

옳고 그름을 정확하게 판단하고 타의 모범이 될 정도로 언행이 일치하는 종교적 지도자가 여기에 속한다.

보통 이 중에서 한두 가지 지능이 남들보다 탁월하면 나머지 8~9가지 지능은 그렇지 못하다. 가드너는 하버드 대학 내에 '프로젝트 제로Project Zero'라는 개발집단을 만들어 부모나 교사가 아이의 재능을 조기에 진단하여 탁월한 지능으로 특화시킬 수 있다고 강조하고 있다.

무엇이든지 잘하는 멀티 지능형 아이는 긴장과 스트레스 속에서 살고, 한 가지를 특별히 잘하는 모노 지능형 아이는 자신이 잘하는 분야에서 인정받으면서 성취감을 느끼며 지낼 가능성이 높다. 주변을 둘러보면 한 가지 분야에서 탁월한 능력을 발휘하는 모노 지능형 인간이 결국 모든 사람들의 인정을 받는다. 그만큼 집중력과 자신감이 높기 때문이다. 멀티 지능형 아이로 키우겠다고 이것저것 가르치다가 결국 이도 저도 아닌 상태로 만들고 있지는 않은지 생각해볼 필요가 있다.

3장

마음을 읽어주는 대화법, 알고 보면 쉽다

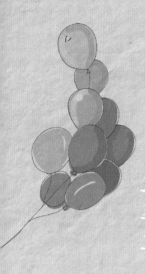

부모의 행동도 중요하지만
습관적으로 내뱉는 말을
특히 조심해야 한다.

최고의 부모는
마음을 읽어주는 부모

어른이 보기에는 대수롭지 않은 일이 아이에게는 커다란 상처가 되고 슬픔이나 분노, 두려움 같은 부정적인 감정을 유발하기도 한다. 아이가 쉽게 상처받고 두려움을 느끼는 기질을 타고났기 때문일 수도 있지만, 부모에게 야단을 맞았거나 친구들과 사이가 좋지 않거나 동생에게 사랑을 빼앗겨 속상하고 서러운 마음이 들어서일 수도 있다. 이럴 때 아이의 마음을 다독이고 치유해주지 않으면 부정적인 감정이 차곡차곡 쌓여 마음이 병들게 된다. 마음이 병든 아이는 소리를 지르거나 누군가를 때리는 등 폭력적인 행동으로 자신의 감정을 터뜨릴 수 있다. 또한, 어른이 되어서도 부정적인 생각을 하기 쉽고, 자신의 감정을 다루는 데 서툰 사람이 된다.

　그렇다고 해서 마음에 부정적인 감정을 생기는 것을 막을 수는 없다. 어른이나 아이나 사람이기 때문에 다양한 일들을 겪게 되고 때때로 부정적인 감정이 들게 마련이다. 이런 부정적인 감정은 숨긴다고 해결되지 않는다. 꼭꼭 감추려고 할수록 더욱 부정적인 생각을 부추기고, 때로는 공격적인 행동으로 표출될 때가 많다. 그러므로 부모는 아이에게 슬픔, 분노, 두려움 등 부정적인 감정이 생길 수 있다는 것을 인정하고, 그런 감정들이 보다 건설적인 방법으로 해소될 수 있도록 도와야 한다.

아이에게도 부정적인 감정이 생기는 것이 나쁜 것이 아니라는 것을 알려주고 자신의 감정을 이해하고 받아들이게 해야 한다. 그렇다면 어떻게 하면 아이의 감정 상태를 알 수 있고 부정적인 감정을 풀어줄 수 있을까?

자아가 확립된 만 3~4세의 아이들은 '좋다', '싫다'뿐만 아니라 슬픔, 분노, 반가움, 즐거움 등 자신의 정서를 표현할 수 있다. 말로 정확하게 표현하지 못하더라도 말투나 몸짓, 표정을 통해 드러내기 때문에 잘 살피면 아이의 감정을 파악할 수 있다.

아이들은 놀이를 통해서도 부정적인 감정을 배출한다. 따라서 아이가 노는 모습을 잘 지켜보면 어떠한 상황에서 스트레스를 받고 슬픔, 분노, 두려움을 느끼는지 알 수 있다.

부정적인 감정은 재미있는 놀이나 부모와의 대화를 통해 해소할 수 부정적인 감정을 감추게 되면 공격적인 행동으로 표출될 때가 많다.

있다. 놀이와 대화는 아이들의 무의식적인 충동과 갈등을 치유해준다. 아이들은 마음 놓고 뛰어놀면서 스트레스를 발산하고, 보다 긍정적인 에너지를 얻는다. 그래서 분노나 슬픔, 두려움을 마음껏 드러낼 대상이 있다거나 정서적인 안정감을 느끼게 하는 놀이법이 있다면 매우 좋다.

아이들은 부모에게 자신의 감정을 솔직하게 이야기하는 것만으로도 속상한 마음을 풀 수 있다. 부모가 이야기를 잘 들어주고 자기 마음을 알아주기만 해도 마음속에 앙금이 남지 않는다.

"내 마음을 왜 몰라요?"

한번 아이의 입장이 되어보자. 놀이터에서 친구와 다투고 울면서 집에 들어왔다. 엄마는 울음을 그치라며 소리를 질렀다. 이때 아이는 속으로 어떤 생각을 할까?

또, 엄마에게 무언가를 말하고 싶어서 말을 걸었는데 지금 바쁘다며 나중에 얘기하란다. 그런데 언제 말을 들어주겠다는 건지에 대해서는 말이 없다. 이때 아이는 어떤 생각을 할까?

두 아이 모두 부모가 자신을 이해해주지 않는다고 생각한다. 이런 관계가 지속되면 아이는 부모에게 속마음을 표현하지 못하다가 결국에는 마음의 문을 닫아버린다.

보다 원만한 부모와 자녀 관계를 유지하려면 아이의 입장을 생각해 보는 노력이 필요하다. 친구와 다투고 울고 들어오는 아이에게 "왜 바보처럼 맞고 들어왔어?"라고 다그치거나 "그만 울고 들어가"라고 말해서는 안 된다. 부모는 친구와 다투고 속상한 마음을 헤아려주어야 한다.

　"친구가 때려서 많이 아프니?"라거나 "친구와 자꾸 싸우게 되니까 속상하지?"라고 말하면 아이는 부모가 자신의 기분을 이해한다고 느끼고, 보다 친밀한 감정을 갖게 된다. 그러면 어느 정도 시간이 지났을 때 자신의 감정을 추스르고 "앞으로는 친구랑 사이좋게 지낼게요"라고 말할지 모른다.

　친구와 싸워서 속상해하고 있는데 상황 파악에 급급해하는 부모도 있다.

　"왜 싸우게 되었는데?"

　"그래서 처음에 누가 때린 거야?"

　"그 아이도 너한테 맞았어?"

　"그 아이도 울고 갔어?"

　이런 질문은 접어두고 아이의 감정 상태에 관심을 두어야 한다.

　물론 '아이 입장에서 생각하기'가 모든 상황에 적용될 수 있는 것은 아니다. 아이의 행동이 가족이 세워 놓은 규칙이나 사회 질서를 무너

뜨리는 상황에서까지 아이의 입장에서 생각할 필
요는 없다.

예를 들어 형이 그림을 그리고 있는데 옆에서 동
생이 자꾸 방해를 했다. 다른 사람에게 피해를 주는 동생은 단호하게
제지당해야 한다. 이런 상황에서도 아이의 입장을 생각한다고 아이의
행동을 내버려두어서는 안 된다. 자유를 주되 지켜야 할 기본선은 정
해주어야 한다.

아이는 부모를 따라 배운다

부모는 애정을 바탕으로 아이에게 해도 되는 일과 해서는 안 되는 일
에 대한 분명한 한계를 정해주고, 그 한계를 일관성 있게 지켜나가야
한다. 처벌을 동반한 과도한 통제는 아이에게 모욕감을 주고, 지나친
자유는 의존적이고 충동을 억제하지 못하게 만들어 의지가 약한 사람
으로 자라게 한다. 그러므로 중용을 지키면서 일관성 있는 양육 방법
을 선택해야 한다.

아이에게 선택할 수 있는 기회를 주면 자기 훈련법과 책임감을 가
르칠 수 있다. 아이의 행동에 지나치게 간섭하는 부모는 아이를 졸졸
따라다니며 바람직한 행동을 할 때는 보상을 주고, 잘못된 행동을 할
때는 벌을 준다. 그러면 아이는 부모가 자신의 행동을 컨트롤하기 때

문에 자기 행동에 대해 책임질 기회를 잃게 된다. 반대로 아이에게 지나친 자유를 주는 교육법은 무책임한 아이로 만들고 만다.

부모라면 누구나 좋은 부모가 되고 싶어 하지만 그 과정에서 많은 어려움을 겪는다. '부전자전(父傳子傳)'이란 말이 있다. '그 아버지의 그 아들'이라는 뜻이다. 부모의 말과 행동을 아이가 그대로 닮는다고 생각하면 모델로서의 부모 역할이 어려울 수밖에 없다. 중요한 것은 부모가 어떤 모습의 모델인가에 따라 아이가 이런 모습으로 성장할 수도 있고, 저런 모습으로 성장할 수도 있다는 점이다.

평범한 부모가 좋은 모델, 좋은 본보기가 되는 것은 쉬운 일이 아니다. 부모 역시 오랜 삶의 과정 속에서 현재의 모습이 되었기 때문에 부모가 되었다고 해서 하루아침에 바뀌기는 어렵다. 모범적인 부모가 되고 싶다고 해서 어느 날 갑자기 언어 습관이나 사고, 행동 등을 바꿀 수는 없는 일이다. 그러므로 부모가 되고 나서가 아니라 부모가 되기 훨씬 전부터, 즉 예비 부모일 때부터 모델로서의 부모상을 만들어야 한다.

어렸을 때 부모로부터 체벌을 받으며 자란 사람은 나중에 자신의 아이를 체벌하는 경향이 있다. 그리고 그것을 합리화한다. 반면 대화를 통해 문제를 해결하는 가정에서 자란 사람은 아이와 문제가 생겼을 때 대화로 해결한다.

아이에게
지나친 자유를 주면
무책임한 아이로 자란다.

부모가 싸우는 모습을 자주 보고 자란 아이는 유치원이나 학교에서 또래에게 공격적인 행동을 보이는 경향이 있다. 이것이 '모델로서의 부모'를 강조할 수밖에 없는 이유이다.

얼마 전에 한 유치원 선생님에게 이런 이야기를 들었다.

"아이들의 부모를 만나 대화를 나누어보면 교실에서 보았던 아이의 모습이 부모의 언행에서 모두 보여요. 아이가 부모의 모습을 그대로 따라 하고 배우기 때문이죠."

그러므로 부모들은 아이에게 본보기가 될 수 있도록 끊임없이 노력해야 하는 존재이다.

부정적인 감정을 풀어주려면
신나게 놀아줘라

신문지 찢기 놀이

우선 아이와 함께 앉아 신문지를 좍좍 찢자. 아이는 찢는 소리를 들으면서 긴장감을 풀고, 소근육을 활발하게 움직이면서 정서적인 해방감을 맛보게 된다. 어느 정도 찢어진 신문지가 쌓이면 공중으로 던져보고 그 속에서 몸을 굴리며 놀아보자.

충분히 놀았으면 찢어진 신문지들을 뭉쳐서 공을 만들자. 작은 공, 큰 공 등 다양한 크기로 만들어서 스카치테이프로 고정시키면 된다. 신문지 공이 다 만들어지면 던지기도 하고, 발로 차기도 하면서 놀아보자.

동영상 찍기

동영상 찍기는 일종의 충격 요법이다. 동생이 생긴 큰아이가 질투심으로 난폭하게 군다면 무조건 하지 말라고 하기보다 그 상황을 동영상으로 찍어서 보여주자. 아이는 동영상을 보고 자신의 공격적인 모습에 충격을 받을 것이다. 그러면 자신의 행동이 잘못되었다는 것을 깨닫고 행동을 고치려고 할 것이다.

풀 그림 그리기

풀 그림 그리기는 억압된 감정이나 긴장된 마음을 손쉽게 풀 수 있는 활동이다. 우선 밀가루로 풀을 쑤어 그 안에 물감을 넣어주자. 그런 다음 아이에게 양손을 사용해서 풀 그림을 그리게 하자. 손과 발에 밀가루 풀을 묻혀 손도장, 발도장도 찍어보게 하자.

아이는 손과 발을 마음껏 놀리면서 정서적인 해방감을 맛볼 것이다. 이 놀이를 시작할 때는 아이 옷이나 방 안이 조금 지저분해져도 상관없다는 마음으로 마음껏 놀게 해주어야 한다.

역할놀이

아이들은 역할놀이를 하면서 다양한 상황을 재현하여 부정적인 감정을 해소하게 된다. 예를 들어 엄마한테 불만이 있거나 의사 선생님이 무서워서 병원에 가기 싫다면, 이러한 상황을 재현해서 그 대상에 대한 긴장감을 풀게 할 수 있다.

엄마에게 부정적인 감정이 있다면 엄마와 아이가 서로 역할을 바꾸어 상황을 재현해보자. 그러면 서로의 입장을 이해하게 되고, 자연스럽게 마음 속의 응어리가 풀어진다.

찰흙 놀이

찰흙은 뭉치고 치대서 뭔가를 완성했다가 다시 다른 모양으로 빚을 수 있어 아이들의 정서를 치유하는 효과가 있다.

예를 들어 아이가 엄마한테 화가 났을 때 찰흙으로 엄마의 얼굴을 만든 다음 그것을 때리거나 부수면서 엄마에 대한 부정적인 감정을 발산할 수 있다.

찰흙 놀이에서 마음껏 엄마를 혼내준 아이는 현실에서는 엄마에게 화가 풀려 관계가 훨씬 좋아지게 된다.

이때 아이가 자칫 엄마한테 화풀이를 했다는 두려움이 들 수도 있는데, 엄마의 얼굴이었던 찰흙을 다시 뭉쳐서 다른 모양으로 만들면 그 모습을 감출 수 있기 때문에 두려움을 갖지 않게 된다. 본래 마음을 다른 형상으로 바꾸어 감출 수 있다는 점에서 찰흙 놀이는 마술의 의미도 있다.

가족 그림 그리기

아이가 가족 중에 누구하고 관계가 좋지 않은지를 알아낼 수 있는 방법이다. 아이에게 엄마와 아빠, 언니(동생)의 그림을 그리게 한다. 가족을 모두 그렸는데 그중 누군가 표정이 없다면 정서적으로 친밀하지 못한 상태라고 보면 된다.

예를 들어 엄마와 언니는 눈, 코, 입을 그리고 나서 머리 모양이나 액세서리까지 그려 넣었다면 정서적으로 친밀감을 느끼고 있다고 해석할 수 있다.

그런데 아빠의 얼굴은 표정 없이 그리거나 눈을 점으로 찍어놓거나 입을 생략했다면 아빠와의 정서적인 교류가 없거나 부정적인 감정을 갖고 있다고 볼 수 있다.

그려놓은 인물의 크기로도 아이의 감정을 알 수 있다. 크게 표현하는 순서대로 아이에게는 중요한 사람이다. 작게 그리거나 그림의 내용이 생략된 경우는 중요하지 않고 정서적으로 거리가 있다고 본다.

집을 도화지 안에 크게 그리는 아이는 집을 자랑하고 싶은 의도가 있으며, 집을 개집처럼 작게 또는 멀리 있는 집처럼 그리는 아이는 집 안에 불화가 있거나 집을 자랑하고 싶지 않은 경우라고 본다.

대화는 문제해결의
지름길이다

'말 한마디에 천 냥 빚을 갚는다'는 말이 있다. 말의 중요성을 강조한 속담인데 부모와 아이 사이에서도 어떻게 말하느냐에 따라 교육적 효과가 확연하게 달라진다.

부모교육의 대부로 꼽히는 토마스 고든은 가정에서 문제가 생겼을 때 누가 문제를 가지고 있는지를 잘 파악해야 문제를 쉽게 해결할 수 있다고 주장했다. 말하자면 아이가 문제를 가지고 있는지, 부모가 문제를 가지고 있는지를 파악해야 한다.

예컨대, 아이가 시험을 잘 못 볼까 두려워 엄마에게 내일 있을 시험이 걱정된다고 했다면 아이가 문제를 가지고 있는 경우이다. 첫째인 아들이 여동생의 긴 머리에 대해 불만을 토로하는 것도 아이가 문제를 가지고 있는 경우이다. 예방주사를 맞고 온 아이가 다시는 주사를 맞지 않겠다고 울어 댄다면 이 역시 아이가 문제를 가지고 있는 경우이다.

반면에 아이가 학교에서 늦게 와서 예약해 놓은 치과에 가지 못했다면 다시 예약하고 시간을 내야 하므로 부모가 문제를 갖게 되는 경우이다. 아이가 늦게 일어나는 바람에 유치원 버스를 놓쳐 유치원까지 데려다 달라고 조를 때는 아이보다 부모가 더 많은 문제를 가진다. 왜냐하면 늦게 일어난 아이를 유치원에 데려다 주면 부모의 아침 스케줄이 망가지기 때문이다.

또 다른 예로 아침에 출근할 때마다 아이가 부모와 떨어지지 않으려고 울어 대서 부모의 마음이 괴롭다고 하자. 이런 경우 언뜻 생각하면 부모가 문제를 가지고 있는 것 같지만 사실은 아이가 문제를 가지고 있는 경우이다. 그런데 아이가 밤마다 무섭다며 부모의 이불 속으로 파고든다면 부모가 문제를 갖게 된다.

토마스 고든은 이렇게 다양한 상황을 설명하면서 아이와의 대화를 잘 이끌어 나가려면 무엇보다 누가 문제를 가지고 있느냐를 파악해야 한다고 강조했다.

아이의 마음 읽어주기

일단 아이가 문제를 가지고 있는 경우에는 '반영적 경청Active Listening'을 잘하는 것이 올바른 대화법이다. 반영적 경청을 잘하기 위해서는 '조용히 듣기 → 인식 반응하기 → 격려하기 → 반영적 경청하기'의 과정을 거쳐야 한다.

가령, 아이가 학교에서 돌아오자마자 "애들이 내 머리가 너무 크대. 나 이제 학교에 안 갈 거야"라며 크게 울어 댄다고 하자. 이럴 때 엄마가 "그만한 일로 울고 그러니? 너는 머리가 크다고 생각하지 않으면 되잖아"라고 반응하면 대화가 이루어질 수 없다.

반영적 경청을 잘하기 위해서는 일단 엄마가 아이의 이야기를 들어주려는 마음이 있다는 것을 느낄 수 있게 해야 한다. 집에 오자마자 그렇게 말하는 아들을 불러서 "여기 좀 앉아봐. 도대체 무슨 일이 있었던 거니? 학교에서……"라고 하면서 '조용히 듣기'를 첫 단계로 시작해야 된다. 그리고 잘 들으면서 아이 말에 가끔 추임새를 해주면 된다. 가령, "어머나, 그랬구나", "저런, 많이 속상했겠구나", "그래서 너는 어떻게 했니?"라고 아이의 이야기를 받아들이는 엄마의 인식 반응을 보여주면 된다. 그러면 아들은 마음이 무척 가벼워진다. 엄마도 내 편이라는 생각이 들기 때문이다. 그다음에는 좀 더 아들을 격려해서 이야기의 절정을 들어야 한다.

"체육 선생님이 마이크로 우리 학교에서 머리가 제일 큰 아이가 나라고 말씀하셨거든. 그래서 1, 2학년 동생들이 나더러 대두 형이라고 했단 말이야."

마침내 아들이 학교 가기 싫은 진짜 이유가 나온
셈이다. 사건의 경위를 다 들은 엄마는 "너, 정말 학
교에 가기 싫겠구나"라는 말로 아이의 감정에 공감하고 있다는 것을
표현해주어야 한다. 혹은 "체육 선생님이 밉고, 동생들 보기가 창피하
겠네"라고만 해줘도 아이는 '엄마는 내 편이구나' 하는 마음이 들어
문제가 가벼워진다.

이와 같이 아이의 이야기를 잘 들어주고 그 마음에 동의만 해주어
도 많은 문제가 해결된다. 어느 정도 시간이 흐르면 아이 스스로 마음
이 편안해져서 생각을 정리하고 이렇게 말하게 될 것이다.

"엄마, 나 내일 학교에 일찍 가야 돼요. 당번이거든."

부모가 자기 마음을 알아주고, 자신의 말에 귀 기울여준다는 사실
만으로도 아이는 상한 마음을 추스를 수 있다. 아이가 처음에는 학교
에 안 가겠다고 했지만 엄마와 이야기를 나누고 나서 스스로 학교에
가는 것으로 결론을 내렸지 않은가. 사건 자체도 다행한 일이지만, 아
이의 마음만 잘 읽어도 많은 문제를 해결할 수 있다는 좋은 사례라고
볼 수 있다.

아이가 떼를 쓸 때는 일단 아이가 지금 원하는 것이 무엇인지부터
헤아려야 한다. 말도 안 되는 고집을 피우거나 떼를 써도 "밖에 나가

고 싶어 그러는구나" 하는 식으로 우선 아이의 욕구를 헤아려주는 것이다.

특히 아이가 아직 어려서 말하고자 하는 내용이나 발음이 정확하지 않을 때에도 끝까지 들어주는 노력이 필요하다. 아이의 말이 느리거나 발음이 정확하지 않아 무슨 말인지 몰라 답답하더라도 말을 중간에 끊고 "그게 대체 무슨 말이니? 밖에 나가자는 말이야?"라고 부모가 말해버리는 것은 옳지 않다. 인내심을 가지고 이야기를 끝까지 들어주면 아이의 이야기 전달 능력뿐만 아니라 대화하는 습관도 길러줄 수 있다.

자신이 하고 싶은 말을 분명하게 다 하지 못하고 대충 얼버무리는 아이가 있다. 이것은 아직 말이 더딘 아이가 주변 어른들의 빠른 말투를 흉내 내기 때문이다. 이럴 때는 부모가 천천히 또박또박 말하는 모습을 본보기로 보여주어야 한다.

엄마의 마음 전달하기

반대로 부모가 문제를 가지고 있는 경우에는 '나 전달법I-message'을 잘해야 한다. 나 전달법은 자신이 주체가 되어 이야기하는 것이다. 가령 "내가 지금 굉장히 기분이 나빠. 왜냐하면 네가 ~했기 때문이야" 하는 식으로 내 기분을 상하게 한 상대방의 행동을 있는 그대로 지적해주는 것이다.

　단계적으로 설명하면서 상대방이 반성할 수 있는 기회를 주는 대화법인데, 명심해야 할 것은 상대방을 비난하기 전에 나의 감정을 이야기해야 한다는 점이다.

　예를 들어 엄마가 통화를 하고 있는데 아이가 옆에서 계속 말을 시킨다고 하자. 이럴 때는 "얼른 방으로 들어가지 못해!"라고 소리를 지를 게 아니라 아이 때문에 엄마가 통화를 제대로 할 수 없다는 사실을 알려줘야 한다.

　"엄마가 통화하고 있는데 네가 자꾸 말을 거니까(행동), 상대방 이야기를 들을 수가 없어(구체적인 영향). 그래서 엄마가 지금 짜증이 난단다(감정)."

　이렇게 아이의 행동으로 인한 엄마의 불편한 감정을 전달하는 대화법이 나 전달법이다. 아이는 자신의 잘못을 정확하게 파악할 수 있어서 행동을 바로잡기가 쉬워진다.

　나 전달법을 사용하면 일상생활에서 크고 작은 충돌을 피할 수 있다. 상대방이 행동을 고치려고 협조하기 때문이다.

　그러나 우리는 '나(I) 전달법'보다 '너(You) 전달법'에 익숙해져 있다. 보통 엄마들은 아이들의 행동을 참을 수 없을 때 "너 왜 그러니?", "넌 누굴 닮아서 그렇게 말을 안 듣니?"라고 아이의 잘못에 초점을 맞춰서 화를 내고 야단을 친다. 그러나 이러한 '너 전달법You-message'은 아이에게 자신에 대한 부정적 이미지를 심어주고 부모와 아이 사이에 또다른 싸움만 만들 뿐이다. 누구든 지적받는 것은 기분 나쁜 일이어서 다시 상대방을 지적하게 되고, 계속 이어지면 싸움의 연속이 되기 때문이다.

무승부법으로 해결하기

올바른 대화법은 모든 문제를 해결하는 지름길이다. 그러므로 상황에 따라 누가 문제를 가지고 있는지를 파악해 반영적 경청과 나 전달법을 선택적으로 적용해야 한다.

아이가 문제를 가지고 있는 경우에는 잘 듣는 반영적 경청만으로 90퍼센트 이상의 문제를 해결할 수 있다. 부모가 문제를 가지고 있는 경우에도 나 전달법을 사용해 대화하면 90퍼센트 이상의 아이가 문제 해결을 위해 협조한다.

문제 상황에 따라 반영적 경청도 나 전달법도 별 효과가 없을 때가 있다. 그럴 때는 아이와 토의를 통해 협상하는 '무승부법'을 써보자. 토의는 어느 누구도 승자가 되지 않고 타협을 통해 절충안이 나온다.

대개의 엄마들은 처음에는 아이 말을 잘 들어주는 듯하다가 마지막

에 아이의 생각을 무시하는 말을 던지거나 장황하
게 자신의 생각을 설명하는 경우가 많다. 처음에 반
영적 경청을 잘 하다가도 마지막에 엄마의 생각을
강요하거나 아이의 생각이 틀렸다고 고쳐주거나, 나 전달법으로 자신
의 불편한 마음을 전달하고 "다음부터 그러지 마"라며 결국 너 전달법
으로 마무리하는 부모는 아이와 제대로 대화하기 어렵다. 그런 상황
이 반복되면 아이는 부모의 말을 귀담아듣지 않게 된다.

완벽한 부모보다 솔직한 부모가 낫다

부모와 자녀 간에 의사소통이 안 되는 경우를 살펴보면 엄마의 이중적 태도가 문제일 때가 많다. 엄마가 다른 사람 앞에서는 자신의 약점이나 오류를 인정하는데 아이 앞에서는 그것을 인정하지 않는 것이다.

특히 완벽한 엄마로 보이고 싶어 하는 경우에 아이와 대화가 잘 되지 않는다. 간혹 아이에게 "미안하다", "내 잘못이야"라는 말을 못해서 관계를 더 악화시키기도 한다.

부모가 어른이라고 해서 모든 걸 다 잘할 수는 없다. 단지 아이보다 모든 일에 좀 더 익숙할 뿐이지 약점을 가지고 있다. 그런 모습을 아이에게 솔직하게 보여주는 것이 좋다.

어쩌면 아이는 매사에 완벽한 엄마를 보며 숨 막혀 할지도 모른다. 아이는 부모가 자신의 잘못을 인정할 때 인간적이라고 느낀다.

부모의 부족한 점은 자연스럽게 드러내는 편이 좋다. 더구나 부모를 친구처럼 대하며 속마음을 털어놓는 아이로 키우고 싶다면 자신의 부족한 점을 감추지 말고 솔직하게 보여주자.

"슛!
이런 말을 조심하세요"

다시 한번 강조하지만, 아이의 자존감 형성에 가장 큰 영향을 미치는 사람은 부모이다. 학교 선생님이나 친구들보다 가정에서 엄마, 아빠의 역할이 중요한 이유이다. 그래서 아이는 자라는 동안 부모에게서 긍정적이면서 따뜻한 사랑의 느낌을 받아야 한다.

부모의 몸짓이나 행동도 중요하지만 습관적으로 내뱉는 말을 특히 조심해야 한다. '말이 씨가 된다'는 옛말이 틀리지 않다는 것을 부모들은 살면서 여러 번 경험했을 것이다. 습관처럼 내뱉은 말이 아이의 내면에서 독버섯처럼 자라기를 바라는 부모는 없을 것이다. 어디서든 말을 조심해야겠지만, 부모가 된 이상 아이와 대화할 때 특히 더 조심해야 한다. 부모인 우리는 '자나 깨나 말조심해야 한다'고 생각하면 된다. 부모가 말하는 대로 아이가 자라기 때문이다.

아이의 자신감을 떨어뜨리지 않고 자존감을 키워주기 위해 특히 조심해야 할 몇 가지 말을 골라보았다. 적어도 이 말만은 하지 말아야 한다.

"너는 왜 그렇게 머리가 나쁘니?"

친한 친구한테 농담으로 던져도 기분 나쁠 말이다. 이런 말을 아이한테 어떻게 하느냐고 펄쩍 뛰는 부모가 많겠지만, 아이와 부딪히다 보면 이성을 잃는 경우가 가끔 있다. 몇 번을 설명해도 못 알아들으면 벼락같이 이런 말이 튀어나오는 것이다.

능력이나 외모 등은 아이의 노력으로 어찌해볼 수 있는 것이 아니다. 그런 부분의 모자라고 부족한 점을 비난해서는 안 된다. 사람은 남한테 재능을 인정받으면 자기가 가진 능력 이상의 것을 발휘하려는 마음이 생긴다. 특히 권위가 있는 사람이라고 생각하는 부모한테 인정을 받게 되면 그 효과는 더욱 커진다. 반대로 아이를 무시하고 비난하는 말은 곧 아이가 배워서 남을 쉽게 무시하고 비난하는 아이로 자란다.

"너는 왜 그렇게 머리가 나쁘니?"와 같은 말을 자주 듣는 아이는 암시 효과가 작용해서 스스로 실제 자신이 머리가 나쁘다고 생각하게 된다. 그 결과 뭔가를 해보고자 하는 의욕마저 잃게 된다. 스스로 자

기 일을 찾는 아이로 키우고 싶다면 절대로 피해야
할 말이다.

아이한테는 부모가 절대자이다. '아차' 하는 순간
아이는 절대자의 말 한마디에 자신의 인격을 부정당하는 기분을 느낄
수 있다.

"넌 내 자식이 아닌 것 같구나"

이 말 역시 아이에게는 치명적이다. 부모한테 버림받았다는 느낌이
들기 때문이다. 아이가 성적이 나쁘거나 말썽을 피워서 꾸짖을 때 부
모는 필요 이상으로 아이에게 겁을 주는 경우가 있다.

아이의 마음속에는 늘 '부모한테 버림받는 것은 아닐까', '사랑받지
못하면 어쩌나' 하는 불안감이 잠재되어 있다. 가뜩이나 불안해하는
아이에게 "넌 내 자식이 아닌 것 같구나"와 같은 말은 불안감을 극도
로 키워서 어른들이 상상할 수 있는 것보다 더 치명적이 될 수 있다.

고등학생이 된 아이가 '어렸을 때 다리 밑에서 주워 왔다'는 말을
들었다며 이제 친엄마를 찾아 가겠다고 말해 깜짝 놀랐다는 엄마를
상담한 적이 있다. 웃고 넘어갈 이야기라고 생각할 수도 있지만 그 엄
마는 무척 심각한 상황이었다. 아이 당사자에게 이런 말은 정말로 큰
상처가 되어 오래 남을 수 있다는 것을 명심하자.

세상에 아이보다
더 말조심해야
할 사람은 없다.

"너는 정말 아무짝에도 쓸모가 없구나"

아이의 가능성을 부정하는 순간 부모 자식 간의 신뢰 관계는 무너진다고 봐야 한다. 또한, 부모 자식 간에 신뢰가 없다면 교육의 효과를 얻기란 불가능하다.

"너는 나중에 커서 훌륭한 사람이 될 거야."

"조금만 더 노력하면 넌 틀림없이 해낼 거야."

아이의 가능성을 인정해주는 말을 많이 해주면 긍정적인 암시 효과를 주게 된다.

어떤 엄마는 학교에서 성적이 좋지 않은 아이에게 이렇게 말한다고 했다.

"난 네가 공부 못하는 아이라고 생각하지 않아. 공부를 안 하는 아이라고 생각하지. 그런데 넌 언제쯤부터 공부를 하게 될 것 같니?"

그 말을 들으며 아이는 엄마의 여유로움 속에서 편안함을 느낄 것이다. 부모의 기다리는 미덕까지 지니고 있는 것 같아 지금도 입가에 미소가 피어난다. 참으로 지혜롭게 말하는 엄마가 아닐 수 없다.

"2학년이나 되었는데 꼭 유치원생 같잖아"

아이가 유치하다고 비아냥거리면 오히려 그 유치함에서 더 빠져나오지 못한다. 다른 사람들이 아이를 무시하는 말을 해도 막아줘야 할 부모일진대, "2학년이나 되었는데 꼭 유치원생 같잖아"와 같은 말을 해서는 안 된다.

누구보다 부모는 아이를 격려하고 위로하는 사람이 되어야 한다. "엄마는 그렇게 생각하지 않아. 엄마는 널 믿어"라고 말해주자. 부모가 비아냥거리고 비난하면 아이는 큰 충격을 받고, 결국에는 뭔가를 잘하고자 하는 의욕이나 자신감까지 잃게 된다.

"별일이네. 오늘은 해가 서쪽에서 뜨겠구나"

가벼운 농담이라도 아이의 노력에 대해 비아냥거려서는 안 된다. 부모한테 칭찬받을 것이라는 기대가 무너졌을 때의 아이의 실망은 어른들이 상상하는 것 이상이다.

어떤 계기로 노력하겠다는 생각을 했든 간에 적어도 아이가 의욕을 보였을 때 부모가 부정적으로 평가하는 말을 해서는 안 된다. 아이는 단순히 '내 노력을 무시당했어'라고 생각하는 선에서 그치지 않고 마음에 큰 상처를 입는다.

평소에 그렇지 않던 아이가 모처럼 칭찬받을 일을 했다면 잘했다고 칭찬해주자. 그리고 부모의 기대에 보답해준 데 대해 진심 어린 태도로 고마움을 표시하자. 아이는 부모가 자신에 대해 기대하고 있다는 사실에 자부심을 느끼게 될 것이다.

"우리 아이는 지금 공부하고 있으니까,
너희들끼리 나가 놀아라"

친구들 앞에서 이런 말을 듣고 굴욕감을 느낀 아이는 마음이 병들게 된다. 초등학생 정도가 되면 아이는 자신이 부모의 지배하에 있다는 것을 친구들에게 숨기고 싶어 한다.

아이는 친구들에게 자신이 집에서 독립된 인격체로 인정받고 있다는 것을 드러내고 싶은 심리가 있다. 이런 심리를 잘 알고 있는 현명한 엄마는 "친구들이 왔구나. 어떻게 할지 네가 결정하렴"이라고 말한다.

특히 친구들 앞에서 아이를 꾸짖지 않도록 조심해야 한다. 잘못을 뉘우치기보다 반발심을 일으킬 가능성이 크다. 시간이 지나서 아이가 혼자 있을 때 "아까는 친구들이 있어서 말을 못했는데……"라면서 주의를 주면 아이도 고분고분하게 귀를 기울이고 친구들 앞에서 체면을 세워준 엄마를 고맙게 생각한다.

아이의 부정적인 마음 풀어주기

아이가 가진 슬픔이나 분노, 두려움 같은 부정적인 감정을 해소해주기 위해서는 엄마, 아빠의 노력이 필요하다. 기본적인 몇 가지 방법을 예로 들어보자.

아이의 이야기를 잘 들어주기

아이가 슬픔에 빠져 있거나 분노나 두려움에 휩싸여 있다면 우선 자신의 기분을 솔직하게 이야기할 수 있는 분위기를 만들어주어야 한다. 무슨 일로 기분이 엉망이 되었는지, 누구 때문에 그런 것인지를 구체적으로 털어놓게 하는 것이다.

아이들은 속상한 일이 있을 때 속 시원하게 말하는 것만으로도 마음이 안정된다. 이쯤 되면 문제가 90퍼센트 해결되었다고 봐도 된다. 원래 문제를 가진 사람이 문제를 해결하는 법이니까. 부모가 문제 해결을 적극적으로 돕는 길은 아이의 말을 잘 들어주는 데 있다.

아이가 아직 어려서 자신의 감정을 정확하게 표현하지 못할 때는 부모가 감정을 읽어서 말로 표현해주면 된다. 예컨대 "형하고는 같이 가고 싶지 않지만, 너도 가고 싶다는 거지?"라고 속마음을 읽어 말해주는 것이다. 아이는 부모가 자신의 마음을 알아주는 것만으로도 마음의 응어리가 풀린다.

꼭 안아주기

부정적인 정서는 대부분 애정 결핍에서 비롯된다. 아이는 엄마 아빠가 자신을 사랑하는 것 같지 않으면 서운한 마음이 들고, 그것이 오랜 시간 방치되면 분노로 발전하며, 결국 공격적인 행동으로 표출하게 된다. 아이가 거칠게 행동하는 횟수가 잦아진다면 함께하는 시간을 늘리면서 꼭 안아주고 사랑한다고 말해주자.

예전에 한 구립 어린이집 원장님에게 이런 말씀을 들었다.

"저희 동네는 엄마들이 일찍 회사에 출근하는 집이 많아요. 그래서 아침에 보면 거의 자고 있는 아이를 데리고 온 것 같은 느낌이 들죠. 저희 어린이집에는 매일 아침에 모든 아이들을 꼭 안아주는 시간이 있어요. 꼭 안아주면 아이들이 얼마나 좋아하는지 몰라요. 아이들에게 정서적으로 안정감을 찾아주고 즐거운 하루의 시작이 된다고 생각해요."

흔한 일이 아님을 알기에 큰 감동을 받았다.

아이들은 부모로부터 인정받기를 원하고 부모와의 스킨십을 통해 안정감을 갖는다. 바쁘다는 이유로 안아주고 시선 맞추기를 게을리해서는 안 된다. 아이들은 엄마 아빠의 사랑을 먹고 자란다. 부모의 시선과 표정, 몸짓, 말투 등 모든 것에서 아이가 사랑을 듬뿍 느끼도록 해야 한다.

"그러면 안 돼" 강요하지 않기

아이가 속상하거나 화나는 일이 있어 부모에게 투정을 부릴 때 꾸짖거나 설교해서는 안 된다. "그렇게 하면 안 돼!", "이렇게 해야 착한 아이야!"라고 아이에게 정답을 강요해서도 안 된다.

대부분의 경우, 잘못한 일은 자기 자신이 제일 먼저 안다. 넌지시 지켜보면서 아이에게 생각할 기회를 주는 것이 더 교육적일 수 있다. 아이의 생각과 행동이 틀렸다는 생각으로 고쳐주려고만 하면 아이는 부모가 자신을 이해해 주지 않는다고 생각한다. 그러면 더 이상 부모에게 자신의 속마음을 털어놓지 않게 된다. 결국 아이의 마음속에 부정적인 감정이 쌓여 나중에 더 큰 문제로 번질 가능성이 있다.

어떤 엄마에게 이런 이야기를 들었다.

"아이가 정말로 서글프게 울 때가 있었어요. 이쯤하면 됐지 싶은데도 그치질 않는 거예요. 이제 그만 울라고 말하고 싶었는데 꾹 참고 '그래, 속이 상할 때는 울어버리는 것도 좋은 방법이야. 실컷 울어'라고 했어요. 그랬더니 오히려 금세 그치더라고요."

이 엄마가 "이제 그만 좀 울어!"라고 소리를 질렀다면 아마 상황은 두 배 이상 더 지속되었을 것이다. 이렇게 대처하는 방법을 찾아야 한다.

스스로 해결책을 찾도록 이끌어주기

아이의 말을 잘 들어준 다음에는 스스로 문제를 해결하도록 도와야 한다.

예를 들어 아이가 놀이터에서 친구와 싸워 속이 상해 들어왔다면 "친구가 너한테 왜 그랬을까?", "내일 친구를 만나면 어떻게 할 거니?" 등의 질문을 해서 아이 스스로 해결방법을 찾도록 도와주는 것이다. 그래야 앞으로 힘든 상황에 부딪히더라도 자기 힘으로 문제를 해결해 나갈 수 있다.

소극적인 아이에게는 친구에게 줄 사탕이나 스티커를 미리 준비해줘서 "친구한테 하나 나눠주면서 놀자고 해봐"라고 방법을 알려주는 것도 좋다.

자신의 감정을 다스리는 부모 되기

아이의 감정을 읽어주려면 부모 자신부터 자기 감정을 파악하고 다스릴 수 있어야 한다. 그래야 아이가 겪는 부정적인 감정들을 이해하고 받아들일 수 있다. 또한, 자신의 감정이 풀리는 모습을 돌아보면서 아이의 감정을 다독이는 법을 생각해볼 수 있다.

당시의 기분이나 느낌에 따라 일처리를 잘 못하는 실수를 하는 경우가 있다. 내 마음의 평화가 흔들리지 않도록 수위 조절을 하는 것은 육아문제뿐만 아니라 인생살이에서도 중요한 지침이 된다. 내 마음을 정확히 읽고 마음의 평화가 깨지지 않도록 늘 마음을 살피고 다스려야 한다.

짧은 시간이라도 놀아주기

아이들은 부모로부터 다양한 자극을 받으면서 사랑을 확인한다. 맞벌이 부모의 경우, 퇴근해서 집에 돌아오면 아이를 안아줄 틈도 없이 저녁 식사를 준비하고 설거지하느라 바쁘다. 그러고 나서 뒤돌아보면 소파 끝자락에서 아이가 자고 있다.

하루 종일 엄마를 그리워한 아이에게 엄마의 분주한 뒷모습은 또 다른 기다림을 강요하게 된다. 그러면 아이는 저녁밥은 배부르게 먹을지 모르지만 엄마의 사랑에는 허기를 느낄 것이다. 집안일보다 아이와 함께하는 시간을 갖도록 노력하자. 그 시간은 짧아도 좋다. 안고 뽀뽀하고 간지럼도 태우면서 재미있게 놀아주는 시간을 만들어보자.

일단 집에 들어오면 하루 종일 엄마의 사랑에 허기진 아이와 한바탕 놀아주자. '나 찾아봐라' 하며 이 방 저 방으로 숨고, 아이들과 스킨십하면서 흠씬 놀아주는 것이다. 이렇게 노는 것을 먼저 하면 나중이 편해진다. 이 이야기를 들은 누군가 "압축사랑법이네요!"라고 말해서 한바탕 웃은 기억이 있다.

우리 부모들은 보통 정반대로 움직인다. "집에 들어서면 두 아이가 옷도 못 벗게 난리를 쳐서 저녁도 못하고, 집안일도 못해요"라고 하소연한다. 그런데 잘못된 생각이다. 감정이 없는 일은 나중에 몰아서 해도 되지만 감정이 있는 아이들은 먼저 상호작용해서 살펴줘야 한다. 밥은 한꺼번에 해서 냉동실에 쌓아 두고 데워먹더라도 아이들과 놀아주는 부모가 현명한 부모이다.

잠시 아이의 요구 들어주기

아이에게 엄마의 생각을 전달했는데도 아이의 욕구가 너무 강하다면 잠시 아이가 원하는 것을 들어주는 것도 하나의 방법이다.

아이가 밖에 나가자고 자꾸 떼를 쓴다고 하자.

"지금 엄마가 할 일이 많아서 나갈 수가 없어. 거실만 치우고 나면 나가자. 잠깐 기다려줄 수 있지?"

그래도 계속해서 떼를 쓴다면 하던 일을 잠시 멈추고 아이의 요구를 들어주는 것이 좋다.

몇 번 말해도 아이가 말을 듣지 않을 때 부모들은 "한 번만 더 그러면……" 이라는 말을 가장 많이 사용한다. 이와 같이 아이에게 으름장을 놓거나 협박하는 것은 심리적 학대에 해당한다.

부모가 호통이나 야단을 많이 치는 가정에서는 가족들 사이에 의사소통이 잘 이루어지지 않는다. 부모가 "빨리 ∼해라", " 당장 ∼하지 못해", " 한 번만 더 그러면 ∼하지 못하게 할 거야" 하는 식의 지시나 명령조의 말을 많이 하면 아이는 다양한 표현방식을 익힐 기회를 얻지 못한다.

어릴 때의 언어 환경이 아이가 평생 사용하게 될 언어 방식을 결정짓는다. 한 아이가 자라서 어떤 방식으로 대화하느냐는 부모의 언어 방식에 달려 있는 것이다.

아이에게 좋은 표현과 나쁜 표현, 일을 부탁하거나 거절하는 방식, 단정적으로 말해야 할 때와 그렇지 않을 때의 차이 등을 익힐 수 있는 기회를 주자.

올바른 대화법에 대한 훈련은 아이에게 나쁜 말버릇이 생기기 전에 이루어져야 한다. 다시 말해 아이가 어릴 때 시작할수록 효과적이라는 말이다.

4장

지금 바꾸면
아이의
모든 것이 변한다

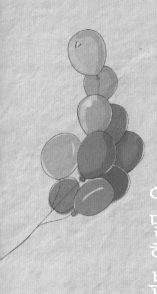

아이는
말로 가르치지 말고
행동으로
본보기를 보여줘야 한다.

부모는
재판관이 아니다

무엇이든 다 잘하는 아이로 키우고 싶은 부모의 과욕은 자칫 문제를 불러올 수 있다. 많은 것을 하는 아이가 오히려 한 가지에 제대로 집중하지 못할 때가 많다. 게다가 재능이 없는 분야를 계속해서 하게 되면 아이가 좌절하고 실패하는 경험이 쌓임으로써 자칫 "나는 제대로 할 수 있는 게 없어"라며 자신감을 잃을 수 있고, 어떤 것에도 흥미를 보이지 않는 아이로 자라게 된다.

아이가 진정으로 좋아하고 재미있어 하는 것을 알려면 부모의 세심한 관찰과 노력이 필요하다. 아이에게 많은 것을 가르치고 경험할 기회를 줄 수는 있지만, 그것이 부모의 욕심에서 비롯된 것은 아닌지 점검할 필요가 있다.

"다른 아이가 하는 것은 너도 해봐야지!"라며 아이를 경쟁으로 내몰 필요는 없다. 아이들은 모두 다르게 태어난다. 옆집 아이가 하니까 너도 해야 한다고 고집하는 것은 부모의 억지이다. 따라서 억지로 시켜놓고 옆집 아이만큼 못한다고 속상해할 필요가 없다.

인정받고 싶어 하는 것은 어른이나 아이나 똑같다. 자신이 쓸모없는 사람으로 보였으면 좋겠다고 생각하는 아이는 세상에 없다. 옆집 아이처럼 잘 해내고 싶지만 그렇지 못할 뿐이다.

어느 정도의 시샘은 하고자 하는 욕구를 자극해 긍정적인 방향으로 발전시키는 힘이 된다. 그러나 질투심이 지나치면 아이가 의기소침해지고 친구 관계에 문제가 생길 수 있다. 이런 아이들은 뭐든 최고여야 한다고 요구하는 부모로부터 알게 모르게 스트레스를 받는다. 간혹 다른 사람이 자신보다 나을 수 있다는 사실을 인정하지 못하는 아이도 있다. 결국 이런 아이는 주위로부터 미움을 사게 된다.

이기적인 아이에게는 경험이 약이 된다

부모는 우선 내 아이가 무엇이든 다 잘했으면 하는 마음에서 벗어나야 한다. 대신에 다른 아이가 잘하는 것이 있는 것처럼 내 아이도 잘하는 것이 있다는 믿음을 가져야 한다. 그리고 그 사실을 아이에게도 깨우쳐주어 자신과 다른 사람의 가치를 모두 인정하도록 키워야 한다.

'무조건 네가 최고야!' 식의 교육은 잘못하면 이기적이고 다른 사람

남에게 인정받고
싶어 하는 것은
어른이나 아이나 똑같다.

에게 뒤지는 것을 용납하지 못하는 아이로 키울 수
있다.

유난히 욕심이 많은 아이라면 분배하는 역할을
시켜보는 것도 좋다. 가령 아이에게 일정한 양의 간식이나 과자를 주
어서 친구들과 골고루 나누어 먹도록 해보자. 이런 경험을 되풀이하
면 아이는 저절로 욕구를 통제할 줄 알게 된다.

그래도 달라지지 않을 때는 이기적인 행동으로 인해 벌어지는 불쾌
한 경험을 직접 겪게 하자. 친구들 모두가 욕심껏 간식을 가져갔을 때
어떤 일이 벌어지는지를 직접 경험하게 하는 것이다. 누군가는 울음
을 터뜨릴 것이고, 누군가는 얼굴이 벌개져서 화를 낼 것이고, 누군가
는 엄마한테 이른다며 집으로 달려갈 것이다. 그런 소동을 몇 번 겪고
나서 아이를 지켜보면 조금씩 변화가 생기는 것을 확인할 수 있다.

심하게 소리를 지르는 아이나 친구들과 자주 싸우는 아이도 그로
인한 불쾌한 경험을 한 번쯤은 하게 된다. 그럴 때 아이가 소리를 지
르거나 싸우는 모습을 동영상으로 찍어 보여주고 기분이 어떤지 물어
보자. 아울러 다른 사람들이 느끼는 기분에 대해서도 설명해주면 행
동이 놀라울 정도로 달라진다. 이런 방법은 일종의 충격요법이 된다.

"형은 잘하는데 넌 왜 못하니?", "동생도 잘하는데 너는 언니가 돼서
그것도 못하니?"와 같이 형제자매를 비교하는 것도 은연중에 아이에

게 경쟁심을 불러일으킨다.

그런 경우 아이 스스로 부모의 기대에 맞추어 자신을 변화시키기도 한다. 예를 들면 남자 형제 중 작은아이가 지나치게 여자아이처럼 애교를 부리기도 하고, 자매 중 한 아이가 너무도 당당하게 남자아이처럼 행동하기도 한다.

다른 아이와 비교해서 경쟁심을 만들어주겠다고 생각했다면 빨리 마음을 접자. 무엇이든 아이가 흥미를 가지는 것을 마음껏 해볼 시간을 주면 자연스럽게 자신이 잘할 수 있는 것이 무엇인지 알게 된다. 부모로서 진심으로 바라는 것이 아이의 행복임을 잊지 말자.

싸움에 끼어들지 않는 게 현명하다

아이가 성장하는 과정에서 또래 친구나 형제는 부모만큼 중요한 존재이다. 아이들은 서로를 흉내 내고, 몸으로 부딪히며 놀고, 자기들끼리 울타리가 되어주기도 한다. 그 안에서 벌어지는 작은 싸움은 지극히 자연스러운 현상이다.

아이들은 싸우고 화해하면서 남들과 어울리는 법을 배운다. 특히 자기중심적 사고를 하는 일곱 살까지는 자기 기분에 따라 행동하고 다른 사람의 입장을 고려하지 못하기 때문에 어울리다 보면 사사건건 부딪힐 수밖에 없다.

자기중심적으로 사고하는
일곱 살까지는
늘 부딪힐 수밖에 없다.

아이들끼리 놀다가 벌어진 싸움에 어른이 개입할 필요는 없다. 정 개입을 해야 할 것 같으면 어느 한 편을 들어주는 재판관이 되어서는 안 되고, 중재자가 되어야 한다.

아이들은 감정이 즉흥적이고 일시적이어서 서로 한동안 떼어놓기만 해도 다투기 전의 관계를 쉽게 회복한다. 따라서 따로 떼어놓아 어느 정도 감정을 가라앉힌 후에 아이들을 한 자리에 불러 각자의 의견을 듣는 게 좋다. 감정이 격해진 상태에서 서로의 말을 듣지 못했을 수도 있으므로 이 과정을 통해 자신의 생각을 상대방에게 충분히 전달할 수 있게 도와주자.

아이의 호소를 건성으로 듣고 "무조건 네가 잘못했네!"라거나 "네가 사과해야겠다"라고 성급하게 결론 내리는 부모들은 얼마 못 가서 스스로 판단을 잘못했다고 인정하게 된다. 특히 싸움이 났을 때 무조건 큰아이만 야단치면 작은아이가 큰아이를 우습게 볼 수 있다. 오히려 큰아이에게 책임을 주어 동생을 리드하게 하는 게 좋다.

아이들이 싸울 때마다 끼어들어 말리는 엄마가 있다. 그러다가 마지막에는 "너희들 때문에 속상해서 못 살겠다"라고 한탄하는 엄마는 아이들에게 아무 도움이 되지 않는다. 아이들에게 진심으로 도움을 주고 싶다면 최소한의 규칙을 정해 알려주고, 싸운 뒤에는 아이들 스스로 화해할 수 있는 시간과 기회를 주어야 한다.

단, 어느 한쪽의 나쁜 습관이 다툼의 원인이 되는 경우에는 그 아이의 나쁜 습관을 먼저 고쳐주어야 한다. 또, 심한 몸싸움이나 공격적인 행동에 대해서는 부모가 적절히 개입해서 중재할 필요가 있다.

공격적인 성향이 무척 심하다면 다른 방법으로 분노를 표현하도록 지도해야 한다. 일반적으로 공격적 성향은 분노의 표현으로, 욕구불만에서 비롯된 경우가 많다. 따라서 욕구불만이 된 원인을 찾아주어야 한다. 말로 욕구불만 상태를 표현하기만 해도 공격적인 성향까지 가지 않는다.

예를 들어 부모의 통제가 엄격한 경우 집에서는 기가 죽어 얌전한 아이가 부모의 통제를 벗어난 바깥에서는 친구를 때리거나 불만을 폭발시키는 경우가 있다. 이런 아이는 자기가 원하는 것을 얻기 위해서는 화를 내고 난폭해져야 한다고 생각한다고 봐야 한다. 집에서 강압적인 통제를 받아 아이가 건전하게 욕구를 표현하는 방법을 배울 기회가 없었기 때문이다.

아이가 난폭하게 군다고 부모가 호통을 치거나 때리면 상황이 점점 악화될 수 있다. 그럴수록 부모가 아이 앞에서 말과 행동을 조심하고, 부모의 스트레스를 아이에게 함부로 푸는 일이 없도록 조심해야 한다.

난폭하게 군다고
호통을 치면
상황이 점점 악화될 수 있다.

아이의 난폭한 행동이 도가 지나칠 때는 야단치거나 달래려 하지 말고 무관심한 척하는 것도 좋다. 그러면 아이는 폭력적인 행동으로 원하는 것을 얻을 수 없다는 것을 깨닫게 된다. 자신이 원하는 것을 얻으려면 폭력적인 행동보다 칭찬받을 만한 행동을 해서 관심을 받는 게 낫다는 것을 알게 해야 한다.

좋은 습관은
칭찬이 만든다

어릴 때 주변 환경을 어떻게 조성해주느냐에 따라 아이에게 좋은 습관을 키워줄 수도 있고, 그러지 못할 수도 있다. 무엇보다 올바른 습관을 키워주려면 부모의 올바른 훈육이 필요하다.

어린아이도 부모가 해도 되는 것과 안 되는 것을 명확하게 구분지어 일관된 태도로 훈육하면 충분히 알아듣는다.

제 뜻대로 안 되면 막무가내로 떼를 쓰거나 고집을 피우는 아이가 있다고 하자. 이 아이는 떼를 쓰면 통한다는 것을 이미 경험으로 알고 있다고 봐야 한다. 그래서 매번 이번에도 통할 것이라고 생각하며 떼를 쓰고 고집을 부리는 것이다. 부모가 들어줄 수 없는 요구라고 판단했다면 아무리 고집을 부려도 끝까지 들어주지 말아야 한다. 처음에는 안 된다고 했다가 아이가 떼를 쓴다고 들어주어서는 안 된다.

서너 살 정도가 되면 서툴지만 아이 혼자서 손을 씻고 세수하는 일이 가능해진다. 물론 자발적으로 씻으러 가는 것은 기대하기 힘들다. 아이가 밖에서 놀고 들어왔을 때나 식사 전후에 왜 손을 씻어야 하는지 설명해주고 손 씻는 습관을 들여주자. 이 시기에는 아이 혼자 쉽게 씻을 수 있도록 욕실 세면대 아래쪽에 받침대를 마련해주면 좋다.

혼자서 잘 씻었다면 옷도 혼자서 갈아입도록 해보자. 물론 아이 혼자 옷을 갈아입으려면 부모가 갈아입히는 것보다 더 많은 시간이 걸린다. 그렇더라도 나서서 갈아입히지 말고 이렇게 말해보자.

"엄마는 지금 바빠. 네가 혼자 옷을 갈아입으면 좋겠는데 할 수 있겠니?"

그러고 나서 순서에 맞게 옷을 입을 수 있도록 말을 해주면 된다. 엄마는 주방에서 일을 보면서 "먼저 속옷을 입어야지. 그래, 잘했구나. 그 다음에 뭘 입을까? 그래, 이제 티셔츠를 입을까? 서둘지 말고 천천히 입어봐. 할 수 있어. 그래, 이번에는 바지를 입어보자……"라고 말하면 된다. 이런 방법으로 양말까지 신게 하려면 엄마가 직접 입혀줄 때보다 더 많은 시간이 필요하다. 그래서 시간을 여유롭게 가지고 시작해야 한다. 그러지 않으면 왜 그걸 제대로 못 입느냐고 자꾸 지적하고 야단치게 된다.

동생이 생긴 아이는 엄마의 보살핌을 받고 싶어서 엄마에게 옷을 입혀 달라고 요구할 수도 있다. 그런 아이에게 "동생까지 있는 애가 왜 어린애처럼 그러니? 이제 너 혼자 입어도 충분한 나이야"라고 매몰차게 말해서는 안 된다. 동생이 생겼더라도 큰아이 역시 아직 어린 아이이기 때문이다.

　이럴 때는 엄마가 바쁘니까 협조를 해주면 좋겠다는 말로 설득하는 게 좋다. 그리고 협조를 해준 큰아이에게는 아낌없이 칭찬해주고, 엄청난 일을 해서 엄마를 도와주었다고 인정해주어야 한다.

　"지금 엄마가 많이 바쁘고 할 일이 많아. 너 혼자서 입을 수 있는 것만 먼저 입어볼래?"

　그래도 계속 입혀 달라고 조른다면 기본적인 것 하나만 도와주면서 입혀주고, 나머지는 아이 혼자서 입도록 유도하자.

칭찬을 먼저, 지적은 나중에 하기

아이에게 좋은 습관을 키워줄 때 칭찬만큼 좋은 것이 없다. 칭찬을 받은 아이는 다른 사람에게 인정받았다고 생각해서 기뻐하고, 그런 기쁨을 맛본 아이는 다음에도 칭찬받을 수 있는 행동을 하려고 한다. 이런 일이 자주 반복되면 아이는 자신을 자랑스럽게 생각한다. 그리고 나중에는 주변의 칭찬을 받기 위해서 어떤 일을 하기보다는 습관처럼 선행을 하고, 그것을 당연한 일처럼 생각하게 된다.

"혼자 양말을 신었구나. 아주 잘 신었는데! 양말 뒤꿈치를 좀 더 잡아당겨 신으면 더 편하게 신을 수 있단다."

이와 같이 잘한 점을 먼저 칭찬하고 나중에 보완할 부분을 지적하면 아이는 기분 좋게 새로운 것을 배워 나가게 된다.

반대로 아이가 잘못해서 혼낼 때에는 길게 잔소리를 늘어놓으면 안 된다. 가능한 짧게 잘못을 지적하고 끝내는 것이 가장 효과적이다.

"너 왜 세면대 물 안 잠갔니? 얼마나 저렇게 틀어놓은 거야? 언제까지 그럴 거야? 물을 틀 줄만 알았지 잠글 줄은 몰라. 또 그럴 거야?"라고 잔소리하는 것보다 "얘야, 세면대 물이 틀어져 있구나"라고 문제만 지적해주는 것이 낫다.

무엇보다 부모가 올바른 생활태도를 본보기로 보여주는 것이 좋다. 아이는 부모의 행동을 보고 어떤 행동이 옳고 그른지를 판단하고 배워 나가기 때문이다. 부모는 하지 않으면서 아이에게만 시킨다든지, 나중에 하겠다고 했다가 약속을 지키지 않는다든지 하는 것은 부모에 대한 불신감을 키운다. 아이에게 말로 가르치거나 꾸짖어서 잘못을 바로잡으려 하지 말고 행동으로 본보기를 보여서 아이가 배우도록 해야 한다.

아이에게 좋은 습관을 키워주려 할 때 칭찬만큼 좋은 것이 없다.

아이가 다섯 살쯤 되면 잔심부름을 곧잘 한다. 이때 부모가 그에 대한 보상으로 돈을 주는 경우가 있다. 그런데 아이가 이런 보상에 적응하게 되면 나중에는 사사건건 돈을 요구하게 된다.

아이가 심부름을 하거나 다른 사람을 도와주는 등 칭찬받을 일을 했을 때 물질적으로 보상해주는 것은 좋지 않다. 오히려 "정말 착한 아들이구나", "다른 사람을 도와주는 네 마음이 참 예쁘구나" 하는 말로 정신적 보상을 해주는 것이 좋다. 아이에게 물건을 사 주거나 선물을 줄 때에도 그것이 어떤 행위의 대가라고 하는 것은 좋지 않다.

맞고 자란 아이는 학교에서 '골칫거리'가 된다

매를 맞으며 자란 아이는 자신이 어떤 잘못을 했을 때 매를 맞으면 해결된다고 믿게 된다. 그래서 잘못이 밝혀지면 "그럼 다섯 대 맞을게요"라고 말하는 것이다. 매를 맞으면 자신의 잘못에 대한 대가를 치르게 된다고 생각하는 것이다. 참으로 잘못된 생각이다.

초등학교 교사들이 가장 부담스러워하는 아이가 가정에서 매 맞고 자란 아이라는 말을 들은 적이 있다. 이런 아이들이 문제를 일으켰을 때 대화로 해결하는 게 어렵기 때문이다.

설령 매를 들을 수 있다고 해도 평소 아이가 집에서 맞는 수준 이상으로 체벌을 해야 효과가 있을 것이다. 게다가 지금은 유치원도 학교도 체벌이 금지되어 있다. 결국 교사들은 이런 아이들을 '교육이 불가능한 아이', '골칫거리'로 분류해 거의 방치하게 된다고 한다.

한편, 유치원이나 초등학교 입학을 앞두고 있는 아이에게는 미리부터 규칙적으로 생활하는 습관을 길러주는 게 좋다. 매일 같은 시간에 등교하는 것은 아이에게 힘든 일이다. 새로운 환경에 적응하려고 애쓰다 보면 스트레스도 받을 수 있다. 유치원이나 학교의 규칙을 따르고 다른 아이들과 잘 지낼 수 있도록 미리 양보하는 마음과 협동심을 길러주는 것도 필요하다.

소극적인 아이일수록 격려가 필요하다

누군가가 부르면 명랑한 목소리로 대답하고 상냥하게 인사하는 습관도 키워주어야 한다. 유난히 부끄럼을 많이 타고 낯가림이 심한 아이들은 첫 사회생활이라 할 수 있는 유치원 생활에 어려움을 겪을 수 있다. 그렇다고 큰 문제가 있다는 말은 아니다.

소심하고 소극적인 아이도 친구와 자꾸 접하다 보면 사회성이 키워진다. 그러므로 친구들과 어울릴 수 있는 기회를 자주 만들어주는 게 좋다. 꼭 여러 아이와 어울리게 할 필요는 없고, 같이 놀 수 있다면 한 명도 괜찮다.

매 맞고 자란 아이는 잘못했을 때 매를 맞으면 다 해결된다고 믿는다.

특히 소극적인 아이일수록 칭찬과 격려를 아끼지 말아야 한다. 유치원에 무사히 잘 갔다 온 날은 아이가 기분이 좋아지도록 칭찬해주고, 아이가 좋아하는 것으로 상을 주는 것도 좋다.

자기가 할 일을 제대로 처리하지 않았을 때 어떤 결과가 생기는지 깨닫게 해주는 것도 좋다. 가령 아이가 우유를 마시고 냉장고에 넣지 않았다면 "우유를 냉장고에 넣어두지 않으면 우유가 상한단다. 그러면 네가 먹고 싶을 때 먹을 수가 없단다"라고 상황을 원인과 결과로 설명해주자. 그렇다고 부모가 아이의 행동 하나하나를 지적하고 잘못을 꾸짖는 것은 바람직하지 않다.

꾸중을 잘못하면 안 하니만 못하다

위협형 부모

부모의 권위를 이용해 아이를 위협하는 경우이다.

　"다시 한번 이런 일로 울면 집에서 쫓아낼 거야."

　"또 한번 그러면 용돈을 안 줄 거야."

　부모의 권위만 내세워서 아이와 상호작용을 하는 부모는 열등한 부모이다.

비교형 부모

인정하고 싶지 않겠지만 부모들이 가장 많이 사용하는 방법이다. 부모 입장에서는 더 잘하라고 하는 말일 테지만 형제자매 또는 옆집 아이, 다른 아이와 비교하여 오히려 아이를 위축시키고 열등감에 빠지게 한다.

　"넌 왜 항상 그 모양이니? 동생 보기 부끄럽지 않니?"

　"도대체 넌 뭐가 되려고 그러니? 엄마 친구 아들은 이번에도 100점 맞았다는데…….."

　이런 말은 그저 엄마의 희망사항일 뿐 아이와 아무런 상관이 없다. 오히려 비교 상대를 점차로 미워하게 만드는 원인 제공을 할 뿐이다.

나열형 부모

그동안 아이가 잘못한 일을 하나하나 끄집어내서 지적하는 경우이다. 성격이 차분한 엄마들 중에 이런 경우가 많은데, 그러면 아이는 자신이 문제만 일으키는 문제아라고 느끼게 된다.

"가방을 또 놓고 왔어? 너 저번에도 식당에 가방 놓고 왔잖아. 필통도 잃어버린 게 세 번째잖아. 너 언제까지 이렇게 물건 잃어버리고 다닐 거니?"

과거의 실수를 잊어버리지 않고 지속적으로 엮어서 아이의 잘못이 이미 예정되어 있었던 것처럼 말해서는 안 된다. 왜냐하면 누구도 완벽한 사람은 없기 때문이다. 그것은 말로 아이를 여러 번 죽이는 행위와 다름없다.

조소형 부모

부모 입장에서는 아이에게 자극이 될 거라고 생각하며 비웃듯이 말하는 경우이다. 그런데 오히려 반감을 불러와 아이와의 관계가 더 나빠진다.

"100점은 이제 바라지도 않아. 80점만 맞아도 엄마는 소원이 없겠어."

사랑의 반대는 무관심이라는 말이 있다. 그런데 차라리 무관심으로 일관하는 것이 조소형 부모보다 낫다. 아이에 대해서 어떤 한계점을 정해놓고 비아냥거리는 것은 부모로서 절대 해서는 안 되는 일이다.

변덕형 부모

똑같은 잘못을 저질러도 부모가 기분이 좋은 날에는 괜찮다고 넘어가고, 기분이 나쁜 날에는 크게 화를 내고 벌을 세우는 경우이다. 부모의 정서가 변덕스러운 경우 이렇게 일관성 없는 태도를 보이게 된다. 아이를 훈육한다기보다는 오히려 많은 혼란을 불러일으킬 뿐이다.

유대인들의 특별한
자녀교육 원칙들

세계에서 단위 면적당 노벨상을 가장 많이 받은 민족은 유대인이다. 우수한 인재를 많이 배출한 유대인들은 자녀교육에 있어 몇 가지 원칙을 세워놓고 어려서부터 아이들을 교육시킨다. 유대인들의 자녀교육법 중에서 우리 부모들이 꼭 배웠으면 하는 것들이 몇 가지 있다.

지혜롭게 사고하는 법을 가르친다

아이에게 물고기를 잡아주면 아이는 하루를 살지만 물고기 잡는 법을 가르치면 평생 살아갈 수 있다. 유대인 부모들은 아이에게 재산을 물려주기보다 지혜롭게 사고하는 법을 가르치는 것을 부모의 의무라고 생각한다.

유대인들은 지식만 있고 지혜가 없는 사람을 많은 책을 등에 지고 있는 당나귀에 비유한다. 지식은 지혜를 기르기 위해 지니는 것이지 쌓아두는 것이 아니라는 뜻이다. 그래서 유대인 부모들은 아이에게 재산을 물려주기보다 어릴 때부터 생각하는 법을 가르치고 경험할 수 있는 기회를 만들어주려고 노력한다.

두 아이를 비교하지 않는다

많은 부모들이 아이들을 서로 비교한다. 형제자매를 비교하고, 옆집 아이와 비교하고, 친척 또래와 비교하고, 친구의 자녀와 비교한다. 그러나 유대인 부모들은 아이를 절대 비교하지 않는다. 대신에 아이의 개성을 최대한 살려서 남다른 아이로 키우는 것을 중요하게 생각한다. 장점을 키워 개성을 살리는 교육이야말로 아이에게 가장 필요한 교육이라고 보기 때문이다.

가령, 형은 책 읽는 것을 좋아하고 동생은 친구가 많을 때 보통의 부모들은 "형은 저렇게 책을 많이 읽는데 넌 왜 그렇게 책을 안 읽니?"라고 말한다. 그런데 유대인 부모들은 친구가 많은 동생에게는 "외롭지 않아서 좋겠구나"라고 말하고, 책을 좋아하는 형에게는 "생각 주머니가 많아서 심심하지 않겠구나"라고 말한다. 각각의 아이가 가진 장점을 칭찬해 개성을 살려주는 것이다.

다른 아이와 비교되면서 칭찬을 많이 받은 아이는 교만해지기 쉽다. 그 반대로 비교당하면서 야단을 맞은 아이는 열등감을 키우게 된다. 유대인 부모들이 아이들의 능력을 절대로 비교하지 않는 이유가 여기에 있다. 두 아이를 비교하면 두 아이 모두를 망치게 되고, 각자의 개성을 찾아 살려주면 둘 다 능력 있는 아이로 자랄 수 있다고 믿는 것이다.

노래를 잘하는 아이, 축구를 잘하는 아이, 그림을 잘 그리는 아이 등 아이들의 개성과 특기는 참으로 다양하다. 그러므로 획일적인 기준을 가지고 아이들 사이의 우열을 가려서는 안 된다.

배운다는 것은 즐거운 일이다

유대인 부모들은 아이가 어릴 때부터 무언가를 배운다는 것은 즐거운 일이라고 가르친다. 또한 평생 배우는 것을 게을리 하지 말아야 한다고 가르친다.

유대인 부모들은 아이가 처음 학교에 가는 날에 손가락에 꿀을 찍어 히브리어 22자를 쓰게 한 뒤 손가락을 빨게 해서 배움이 꿀처럼 단 것임을 상징적으로 깨닫게 하는 의식을 치른다.

또한, 아이의 연령에 따라 교육방법을 달리 한다. 아이가 어릴 때는 모방을 통해 학습하도록 부모가 모범을 보이고, 4~5세에는 간단한 수수께끼를 많이 풀게 해서 지적인 호기심을 갖게 만든다. 아이가 6~7세가 되면 논리적 사고를 필요로 하는 질문을 많이 해서 논리적으로 사고하는 법을 익히게 한다.

예를 들어 아이에게 "2 + 2는 몇이냐?"라고 물었을 때 아이가 "5"라고 틀리게 답했다고 하자. 이럴 때 유대인 부모들은 정답이 4라고 알려주기보다는 "그러면 2 + 3은 몇이니?"라고 물어 아이 스스로 올바른 답을 이끌어낼 수 있도록 질문한다. 아이들은 '2 + 3'을 계산해 "5"라고 대답하면서 처음 문제의 답이 5가 아니라 4였다는 것을 스스로 알게 되는 것이다.

이와 같이 유대인 부모들은 아이 스스로 배움에 대한 호기심을 갖게 만드는 데 초점을 둔다. 지적 호기심은 훗날 아이가 학업에 몰두하는 원동력이 된다. 유대인 아이들은 몰랐던 것을 아는 것과 배운다는 것은 즐겁고 신나는 일이란 것을 가정에서부터 자연스럽게 경험한다.

유대인 부모들은 아이가 반에서 몇 등 하느냐보다는 지적 호기심을 잃지 않고 노력하는 성실한 태도를 가지게 하는 데 신경 쓴다. 그리고 끊임없이 배우지 않으면 20년 동안 배운 것도 2년 내에 잊게 된다고 가르치며 평생 배우기를 게을리하지 말 것을 강조한다.

어려서부터 외국어를 가르친다

'맹모삼천지교(孟母三遷之教)'라는 말은 맹자의 교육을 위해 저잣거리와 장의사를 피해 서당 옆으로 세 번이나 집을 옮긴 맹자 어머니의 이야기에서 비롯되었다. 맹자 어머니의 교육열이 얼마나 컸는지를 짐작하게 한다. 유대인 부모들은 아이가 외국어를 잘하게 하기 위해 저팬타운Japan Town으로, 차이나타운China Town으로 이사 다니며 '맹모삼천지교'를 실천한다.

보통 고등교육을 받은 유대인이라면 3~4개의 외국어를 구사할 줄 안다. 그들은 외국어를 잘하는 것이 학문을 넓히고 사업을 하는 데 큰 무기가 된다고 믿는다. 유대인의 격언에 '하기 싫으면 그만두고 하려면 최선을 다하라'는 말이 있다. 유대인 부모들은 어려서부터 아이에게 외국어를 접하게 하고 외국어 학습과정에서 끈기를 키워준다. 12세 이전에 습득한 외국어는 평생을 간다는 점에서 유대인의 이러한 교육법은 상당히 현명하다.

유대인 부모들은 특히 인내를 가르치려 애쓴다. 교과서를 전부 암송할 때까지 복창하게 하거나 연령별로 암송해야 하는 기도문이 다른 이유도 여기에 있다.

경제교육이 철저하다

아이가 어리다고 경제관념을 심어주지 않으면 나중에 문제가 생길 수 있다. 유대인 부모들은 아이가 어릴 때부터 용돈을 관리하는 법과 저축하는 즐거움을 가르친다. 그러기 위해 아이가 학교에 들어가기 전부터 용돈을 주어 스스로 관리하게 하고, 저축하는 습관을 길러주며, 저축의 중요성과 돈의 가치를 가르친다.

유대인 부모들은 경제교육이 철저한 것으로 유명하다. 실제로 나는 부모에게서 학자금을 융자받아 등록금을 내는 유대인을 본 일이 있다. 은행에서 학자금 융자를 받으면 지불해야 하는 이자가 아깝기 때문에 대신 부모에게 융자받아 공부하고 졸업 후에 갚는 것이라고 했다.

또한, 유대인 부모들은 어려서부터 내 것, 네 것, 우리 것을 엄격하게 구분하도록 가르친다. 가령, 아이가 실수로 집 안의 꽃병을 깨뜨렸다고 하자. 우리는 "이게 얼마나 비싼 건데 깨뜨렸니!"라고 소리 지르며 아이를 야단치겠지만 그들은 말로 야단치지 않는다. 대신에 꽃병 값에 해당되는 일정액을 용돈에서 공제해 아이가 실제로 그 가치를 체감하게 하고 돈의 가치를 인식하게 한다.

확산적 사고를 일으키는 질문을 한다

아이가 끊임없이 질문하는 것은 부모에게 귀찮은 일일 수 있지만 교육적인 측면에서 보면 좋은 현상이다. 유대인 부모들은 오히려 아이가 질문을 하지 않을 때 문제라고 생각한다.

아이가 질문했을 때 "너는 무슨 그런 질문을 하니?"라거나 "그런 것도 모르니?"라고 무안을 주어서는 안 된다. 아이가 질문을 많이 한다는 것은 그만큼 생각이 많다는 것을 의미한다. 바쁘다고, 말도 안 되는 질문이라고, 얼토당토않은 질문이라고 무시하지 말고 아이의 질문에 적극적으로 반응해야 한다.

유대인 부모들은 아이가 귀찮을 정도로 질문하는 것을 좋은 현상으로 여기고 그런 가정 분위기를 만들려고 노력한다. 그들의 종교 역시 가정에서 부모와 다양한 내용의 대화를 할 수 있게 한다. 부모가 성경에 나오는 불가사의한 일, 믿기 어려운 사건에 대해 수시로 질문하면 아이들은 그 문제에 대해 깊이 생각하면서 자연스럽게 사고의 폭이 넓어진다.

유대인 부모들은 아이에게 생각할 기회를 주는 질문을 일상적으로 즐겨서 한다. 가령, 아이가 소풍을 다녀왔을 때 "소풍이 즐거웠니?"라고 묻는 것은 "예" 또는 "아니오"라는 짧은 단답형 대답을 이끌어내는 폐쇄적 질문이다. 만약 "소풍은 어땠니?"라고 묻는다면 아이가 여러

가지 상황을 생각해서 대답할 것이다. 이런 대답을
유도하는 질문을 개방적 질문이라고 한다.

개방적 질문은 사고의 폭을 넓히고 더 구체적으
로 이야기할 수 있도록 만든다. "예" 또는 "아니오"라는 단답형 대답을
요구하는 폐쇄적 질문은 아이의 확산적 사고를 막는다. 아이에게 질
문할 때 개방적 질문을 하도록 노력해야 한다.

참고 인내하는 법을 가르친다

사람의 성공과 실패는 인내력에 달렸다. 아이가 요구하는 대로 다 해
주기보다는 "아빠와 한번 상의해보자"라거나 "가족들이 모두 모이면
가족회의를 해서 결정하자"와 같은 말로 아이에게 일단 참을 수 있는
시간을 주는 게 좋다.

아이의 욕구를 채워주지 말라는 뜻이 아니라 아이가 원하는 것을
무조건 바로 들어주지 말라는 말이다. 어려서부터 원하는 것을 얻으
려면 상당 부분 참고 인내해야 한다는 것을 가르쳐줄 필요가 있다. 어
렵게 얻어낸 것일수록 애착을 가지고 잘 관리하게 되기 때문이다.

인내심이 있는 아이는 학교에 들어가면 학업 성취도가 높다. 유대
인은 최종 학력인 박사를 취득하면 가문의 영광이자 자랑 중의 자랑
으로 여긴다. 바로 인내의 결실이라고 보기 때문이다.

분노를 누그러뜨리는 법을 가르친다

솔로몬 왕이 21세에 왕이 되면서 하나님에게 지혜를 달라고 기도했다. 기도를 들은 하나님은 지혜로운 왕이 되려면 남의 말을 잘 들어야 한다고 말했다.

마찬가지로 지혜로운 부모가 되려면 아이의 말을 끝까지 들을 줄 알아야 한다. 부모가 아이의 말을 끝까지 잘 들어주지 않으면 아이가 산만해지기 쉽다. 반면에 부모가 인내심을 가지고 아이의 말을 끝까지 경청해주면 아이는 지혜롭고 친절한 아이로 자란다.

남에게 친절하고 선행을 베푸는 것은 그 어떤 것보다도 중요한 가치라고 볼 수 있다. 분노는 그런 친절과 대치된다.

화를 잘 내는 사람은 자신의 감정을 다스리지 못하고 분노에 자신을 내맡긴다. '분노의 노예'라는 말이 있듯이 화는 내면 낼수록 늘어나는 경향이 있다. 화가 난다고 해서 분노를 폭발시킬 것이 아니라 말을 통해 자신의 감정을 표현해보면 분노를 냉정하게 바라볼 수 있다.

유대인 부모들은 사람이 가진 여러 정서 가운데 특히 분노에 대해서 엄격하다. 그래서 분노를 누그러뜨리는 방법을 구체적으로 가르친다. 즉 화가 나면 마음대로 행동하는 것이 아니라 화나는 것을 말하게 해서 화의 근원을 찾게 만든다. 그리하여 근원을 무시하고 화나는 대로 하는 사람은 마음속에 있는 분노의 잣대에 노예가 되고 있음을 스스로 깨닫게 한다.

배울 점이 있는 친구를 사귀게 한다

친구를 사귈 때는 그 친구에게서 배울 점이 있는지를 먼저 생각하라고 가르친다. 어느 한 부분이라도 자신보다 뛰어난 면이 있어서 도움을 얻을 수 있는 친구를 사귀라는 가르침이다.

인간은 사회적 동물인 만큼 주위 사람들에게 영향을 받을 수밖에 없다. 주변에 어떤 사람들이 있느냐를 보면 그 사람의 장래를 짐작할 수 있다. 유대인 부모들은 아이의 인적 자원에 관심을 기울이고 배울 점이 있는 사람을 곁에 두어야 한다고 강조한다.

아버지에 대한 존경심을 키운다

요즘은 대부분의 아이들이 엄마와 많은 시간을 보내기 때문에 엄마한테서 많은 것을 배우는 것이 사실이다. 그런데 막상 큰 영향을 받는 것은 아빠로부터다.

유대인 가정에서 아버지의 권위는 절대적이다. 유대인들은 일주일에 한 번은 반드시 가족 간의 대화시간을 갖는다. 이때 아버지만 앉을 수 있는 '아버지의 의자'가 따로 있을 정도다. 아이들은 아버지와 대화하고 의견을 교환하면서 정서적 안정감을 느끼기 때문에 아버지와의 시간을 무척 중요하게 생각한다.

히브리어로 아버지는 '교사' 또는 '가르친다'라는 의미인데, 유대인들은 아버지의 권위가 사람을 만든다고 믿는다. 유대인 아버지는 상징적인 의미로서의 아버지가 아닌, 권위와 위엄을 갖추고 자녀교육에 깊이 관여하는 아버지인 셈이다.

가정에서 어머니가 보이는 아버지에 대한 존경에서 아버지의 권위는 유대인 가정에 흐트러짐 없는 정연한 질서를 가져다주는 원동력이 된다. 아이가 학교에 들어가더라도 교육의 1차 책임자는 부모이고 가정에서 대부분의 교육이 이루어진다고 믿으며, 학교는 단지 교육기관일 뿐 교육의 실질적인 주체는 부모라고 생각한다.

유머러스한 아이로 키운다

'현명한 사람이 더 잘 웃는다'는 말이 있다. 유대인 가정은 일반적으로 엄격한 느낌을 주지만 유머로 긴장을 풀고 마음의 여유를 찾는다.

탈무드에 '분노는 농작물을 해치는 해충과 같다'는 말이 있다. 유대인은 화가 나는 대로 가짜 신(분노)에게 자신을 맡겨두는 것은 가짜 신에 대한 우상 숭배라고 여긴다. 특히 분노를 처리하는 기술을 터득해 자신의 마음을 다스릴 줄 알아야 여유 있고 유머러스한 사람이 된다고 믿는다.

어릴 때 충분히 놀게 한다

유대인 부모들은 아이가 학교에 들어가기 전에는 따로 공부를 시키지 않고 생활규율이나 질서를 익히도록 한다. 공부는 학교에 들어가서 하면 된다고 생각한다. 대신 가정에서는 아이가 나중에 어려움 없이 공부할 수 있도록 기본 틀을 만들어주는 데 노력한다. 그 시작을 놀이로 한다. 평생 즐거운 마음으로 배우고 공부하려면 어려서 마음껏 놀아야 한다고 생각한다. 놀이할 때 생기는 집중에너지가 공부할 때의 몰입에너지와 같다고 보기 때문이다.

영·유아기의 놀이는 교육적으로 큰 의미를 지닌다. 아이는 자신이 하고 싶은 놀이를 하면서 성취감이 쌓이는데, 이것이 바로 자신감의 기초가 된다.

존경하는 인물을 찾게 해준다

유대인 부모들은 탈무드의 행동강령과 성경을 통해 존경할만한 인물의 모습을 보여준다. 위대한 조상이나 위인들의 업적을 수시로 들려주어 아이가 위대한 사람과 자신을 동일시하며 성장할 수 있게 하려는 것이다.

동일시할 수 있는 여러 대상 가운데서도 아이에게 있어 가장 존경의 대상은 부모이다. 어떤 부모도 완벽할 수는 없지만, 부모로서 최선을 다하며 모범이 되고자 노력하는 것이 중요하다. 최선을 다해 노력하는 부모의 모습을 지켜보며 아이는 그 모습을 동일시하면서 모방하기 때문이다.

머리맡에서 책을 읽어준다

유대인 어머니의 중요한 하루 일과 가운데 하나가 아이가 잠들기 전에 성경이나 탈무드에 나오는 위인들의 이야기를 읽어주는 일이다. 특히 그날 아이를 심하게 꾸짖어 감정을 상하게 했다면 절대로 그냥 재우지 않는다. 이 과정에서 아이와 어머니의 상호관계는 정상을 되찾게 된다.

어머니가 책을 읽어주고 동화나 탈무드, 성경에 나오는 위인들에 대해서 이야기해주는 동안 아이는 '아, 어머니가 나를 정말 사랑하는구나' 하는 느낌을 갖게 되고 어머니에게 혼나서 상해 있던 마음도 사르르 녹게 된다. 이처럼 아이는 머리맡에서 책을 읽어주는 어머니의 모습을 통해 어머니의 사랑을 재확인한다.

유대인의 격언 가운데 '오른손으로 벌주고 왼손으로 껴안아주라'는 말이 있다. 아이의 잘못을 따끔하게 지적하는 가르침도 필요하지만 따뜻하게 감싸 안는 자애로움도 그만큼 중요하다는 뜻이다.

매일 밤 반드시 책을 읽어주는 유대인 어머니가 오늘날 유대인의

위상을 만들었다고 해도 과언이 아닐 것이다. 인지
적으로 우수한 아이로 키우려면 먼저 정서적인 안
정이 필수라는 것을 실천한 유대인의 모습이라 할
수 있다.

선행을 칭찬해준다

유대인 부모들은 아이가 착한 일을 했을 때 물질이 아닌 정신적인 것
으로 보상해주며 유대감을 키워간다. 말하자면 아이가 칭찬받을 만한
행동을 했을 때 사탕을 주거나 용돈을 올려주기보다는 "너 같은 아들
이 있다는 것이 자랑스럽고 행복하구나"와 같은 말로 표현함으로써
정신적 보상을 해주는 것이다.

특히 유대인들은 개인적인 선행보다 공공을 위한 선행이 더 바람직
하다고 생각한다. 그래서 어떤 한 사람을 도와주는 것보다 그룹이나
단체를 위해 무엇인가 도움이 되게 한 것을 더 높이 평가한다.

우리 아이,
이대로 괜찮을까?

지나치게 깔끔해서 새로운 환경에 적응하기 힘든 아이들이 있다. 이런 아이는 실수를 허용하는 집 안 분위기를 만들어주는 게 중요하다. 특히 찰흙놀이나 물놀이, 손그림 놀이 등을 통해 정서적 해방감을 느끼게 해주면 좋다.

아이들은 자기 자신과 주변을 탐색하며 스스로 성장해 나간다. 아기 때는 모든 물건을 입 안에 넣고 옷을 더럽히고 여기 저기 어지럽히며 노는 것이 자연스러운 현상이다. 아이들은 이러한 탐색 과정을 통해 호기심을 충족시키고 자신의 욕구를 조절하며 생활습관을 익혀 나간다.

그런데 어른의 시선으로 보면 아이들의 이런 행동이 지저분하고 장난스러워 보일 때가 있다. 그럴 때 아이의 행동을 지나치게 제한하

손님이 많이 드나드는
집의 아이가
산만한 경향이 있다.

거나 싫은 내색을 보이는 부모는 새로운 환경에서
적응하기 힘들어 하며 매사에 물어보는 아이로 키
우기 쉽다.

아이들은 자신의 행동이 타인에게 받아들여지지 않으면 나쁜 행동
이라고 생각하게 되고 스스로를 억압하게 된다. 그러면 어떤 행동을
할 때 자신의 뜻대로 하지 않고 어른의 허락이 떨어지기를 기다리게
된다. 즉 수동적인 아이로 자라게 되고 자신감이 없는 아이로 자랄 수
있다.

산만한 아이, 괜찮을까?

주위가 산만한 아이는 잠시도 가만히 있지 못한다. 한 가지 일에 집중
하거나 몰입하지도 못한다. 물건을 잘 잃어버리고 무슨 일이든 금방
싫증내며 주위의 작은 간섭에도 쉽게 자세가 흐트러진다. 불안하고
초조해하는 특징이 있으며, 다른 사람들에게 신뢰받지 못한다. 산만
한 아이는 도파민의 과다분비로 인한 뇌 질환이 있는 경우도 있지만,
부모의 부주의로 인한 가정환경이 원인인 경우가 더 많다.

몇 가지 살펴보면, 먼저 손님이 많이 드나드는 집의 아이가 산만한
경향이 있다. 손님이 한꺼번에 몰려왔다가 썰물처럼 빠져 나가면 집
이 텅 빈 것 같아 어쩔 줄 몰라 한다. 일상생활에 변화가 있는 것도 좋

지만 이런 일이 자주 반복되면 아이가 산만해진다.

부부 싸움이 잦은 집의 아이도 산만하다. 집 안 분위기가 늘 불안하므로 아이가 마음 붙일 곳을 찾지 못해 한 가지 일에 집중하기 어려워지면서 점차로 산만해지는 것이다.

또, 부모가 수시로 형제자매를 비교하며 키우는 경우에도 아이가 산만하다. 예를 들어 형은 공부를 잘한다든지, 언니는 피아노를 꽤 잘 친다든지 했을 때 부모가 그 형제들을 비교하면서 키우면 열등한 쪽의 아이가 심리적 갈등을 느끼면서 산만해진다.

반면에 부모가 아이의 잘못을 무분별하게 수용하며 과보호한 경우나 아이와 대화할 때 끝까지 말을 들어주지 않는 경우에도 아이가 산만해진다. 이외에도 아이가 부모와 노는 경험이 없는 경우, 즉 같은 공간에 있어도 아이와 상호작용을 거의 하지 않고 단순히 먹이고 재우는 기본적인 것 말고는 아이와 놀고 즐기는 일을 귀찮아하고 짜증을 내는 부모는 아이가 산만해지기 쉽다. 아이들은 부모와 놀면서 사랑받고 있다고 느끼기 때문에 놀아주지 않는 요즘 부모들은 특히 주의해야 한다.

최근 상담에서 발견한 사실인데, 잘 놀아주지 않는 부모 중에는 그 많은 시간을 아이와 놀 수 없는 본인의 한계를 알고 그 틈새로 인지적인 학습을 체계적으로 조기부터 시작하는 경우가 종종 있다. 그렇게

부모가 놀아주면
아이는 사랑받고
있다고 느낀다.

되면 아이는 조직적으로 산만해진다는 것을 알아
야 한다.

공격적인 아이, 괜찮을까?

공격적이고 심하게 떼를 쓰고 친구들을 때리거나 욕을 하는 아이가
있다. 그런 아이의 부모는 조용히 타이르다가 결국 화를 내고 소리를
지르고 급기야는 때리기도 한다.

남자아이들은 특히 네 살 정도가 되면 자신들이 얼마나 강한지를
드러내고 인정받고 싶어 한다. 이것은 자연스러운 성장과정이므로 엄
마 아빠가 아이의 마음을 이해하고 남성다움을 표현할 수 있는 기회
를 주어야 한다. 그래야 아이가 자라면서 사회에서 남성의 역할을 제
대로 익혀 나갈 수 있다.

아이는 독립심이 생기면서 자신의 능력을 시험해보고 싶어 한다.
무엇이든 자신의 뜻대로 하고 싶고, 좀 더 새로운 것에 도전하고 싶
은 욕구가 생긴다. 그래서 자신의 뜻대로 되지 않거나 뭔가를 해보려
다가 제지를 당하면 자신의 의지를 관철하기 위해서 반항적인 행동을
하기도 한다. 아이가 반항적인 행동을 하는 것은 자신의 행동이나 '스
스로 할 수 있는 힘'에 대해 인정받고 싶기 때문이지 누군가에게 해를
끼치려는 것이 아니다. 이런 점을 이해하고 아이를 바라보면 그 속마

음과 의도를 잘 읽을 수 있다.

아이의 공격성을 해소시킬 수 있는 몇 가지 방법이 있다.

우선, 집안일을 도울 수 있는 기회를 주자. 아이들이 독립심과 능력을 표현하기 가장 좋은 일은 집안일이다. 아이들은 집안일을 도우면서 '자신이 쓸모 있는 존재이고 가족을 위해 뭔가를 했다'는 뿌듯함을 느낀다. 식탁을 차리거나 빨래를 개고 화분에 물을 주는 일을 함께 해보자.

몸을 움직이는 신체놀이를 하면 자연스럽게 공격성을 풀 수 있다. 공놀이, 오르기, 뛰기, 점프하기 등을 하며 마음껏 뛰어놀게 하자.

아이의 공격적인 행동에 부모가 일관성 있는 태도를 보여주어야 한다. 상황에 따라 부모의 태도가 달라지면 아이는 헷갈릴 뿐 아니라 옳고 그름을 판단하기 어려워진다.

간혹 아이가 알아들을 수 있게 충분히 논리적으로 설명해도 말을 듣지 않는다고 호소하는 부모가 있다. 그런데 아이를 변화시키는 것은 논리적인 설득보다 애정 어린 격려와 지속적인 설명이다. 이러한 과정은 아이가 일곱 살이 될 때까지 끊임없이 거쳐야 한다. 이 시기까지의 아이들은 심리 발달적으로 자기중심적인 사고를 하기 때문이다. 주변에서 늘 부모가 돌보고 있어서 아이의 공격성이 서서히 줄어든다고 생각해야 한다.

수줍음이 많은 아이, 괜찮을까?

친구들과 놀라고 하면 엄마 치맛자락만 붙잡고 늘어질 만큼 수줍음을 많이 타는 아이가 있다. 어린아이가 어느 정도 부끄럼을 타는 것은 자연스러운 현상이다. 그래서 새로 유치원에 다니기 시작했다면 적응하는 데 시간이 걸린다. 일시적으로 수줍어 하다가 어느 정도 시간이 지나면 친구들과 자연스럽게 어울리고 놀이에도 능동적으로 끼어들려고 한다.

하지만 유난히 친구 사귀는 것을 어려워하고 위축되는 아이가 있다. 이런 아이는 겁이 많고 내성적인 성격을 타고난 경우이므로 친구를 사귀거나 놀이에 참여하기 전에 자신감을 길러주어야 한다.

아이가 자신감을 갖게 하려면 엄마 아빠가 항상 다정하게 대해 주고 칭찬과 격려를 아끼지 않아야 한다. 예를 들면, 아이가 놀이기구에 오르는 것을 망설이고 있을 때 "우리 윤영이가 여기 올라가는 걸 엄마가 봐줄게. 자, 한번 해볼까? 엄마가 살짝 붙잡아줄게"라고 안심을 시켜주어도 좋다. 그러면 아이는 살짝 자신감을 갖게 되고, 두렵더라도 한 번 해보고 싶은 마음이 생긴다.

그나마 수줍고 낯설어 하는 아이에게 친구들과 어울리라고 강요하면 더 움츠러든다. 아이 스스로 어울려서 놀고 싶은 마음이 들도록 시간을 주자. 여러 아이들과 있을 때 한 아이가 간식을 건네주면 이때를 놓치지 말고 "민서가 수현이를 좋아하나 보다. 민서는 수현이 친구지?"라고 말해주자.

아이의 행동을 허용할 때와 허용하지 말아야 할 때를 구분해야 한다. 간혹 '허용한다'는 말을 무엇이든 통제하지 않는 것으로 오해하는 부모들이 있는데, 지나치게 응석을 받아주면 아이를 겁쟁이로 만들 수 있다. 예를 들어 물감을 묻힌 채 온 집안을 돌아다니면 안 된다고 분명하게 이야기해야 한다. 아이들은 어느 정도의 한계 속에서 자유로움을 경험해야 경쟁력 있는 아이로 성장한다.

쉽게 포기하는 아이, 괜찮을까?

해보려는 의지는 강한데 쉽게 포기하는 아이들이 있다. 블록으로 2층비행기를 만들다가 잘되지 않자 벽에 던져서 와장창 부숴버리기도 한다.

아이들은 성장하면서 스스로 자립하고 싶어 하고, 그것을 자랑하고 싶어 한다. 아이가 그런 과정에 있는 것이니 너무 걱정하지 말고, 하고 싶은 일을 하면서 스스로 성장할 수 있게 곁에서 지켜봐주면 된다. 다만 계속 실패만 하면 성취감이 낮아져 의욕을 잃을 수 있다. 그러니 어느 정도 작업을 완성할 수 있도록 보다 쉬운 계획을 세우게 도와주면 좋다. 다시 도전하여 성취해낸 아이는 좀 더 어려운 과제를 계획하고 실천해 나가면서, 스스로 적합한 단계를 찾아내고 밟아 나갈 것이다. 이 과정에서 엄마 아빠는 일관성 있는 태도로 격려와 지지를 보내주면 된다.

현실적으로 실현 가능한 목표를 세우게 도와주자. 처음부터 무리한 계획을 세우기보다 현실적으로 실현 가능한 수준의 목표를 정하고 실행하도록 이끌어주는 것이다. 예를 들어 블록으로 2층짜리 비행기를 만들다가 실패했다면 그것보다 단순한 계획을 세워서 다시 도전하도록 도와주자. 새로운 계획이 나왔을 때는 "네가 다시 만들겠다는 지하철도 기대되는데! 이번에는 잘할 수 있을 거야"라고 자신감을 불어넣어주면 된다.

겁이 많은 아이, 괜찮을까?

겁이 많아서 혼자 엘리베이터도 못 타는 아이가 있다. 일반적으로 아이들에게 약간의 공포심이 있기는 하지만 혼자 엘리베이터를 못 탈 정도라면 심각한 수준이다. 이런 아이들은 자신의 타고난 능력이나 소질을 충분히 발휘하지 못해 성장 과정에서 문제를 일으킬 수 있다.

겁이 많은 아이는 지나친 과잉보호를 받은 경우가 많다. 주로 조부모가 키운 아이가 과잉보호를 받는 편이다.

또한, 엄마가 소심하면 아이도 소심한 경우가 많다. 이런 경우라면 엄마가 먼저 대범해지려고 노력하고 아이 앞에서 침착한 태도를 보여주는 것이 중요하다.

신경질적인 아이, 괜찮을까?

신경질적인 아이는 선천적으로 과민한 체질도 있지만 지나치게 관심을 많이 받으며 자란 아이 중에 많다. 늘 과중한 부담에 시달리는 아이가 짜증을 잘 내고 신경질적이 된다. 따라서 이 경우의 원인은 부모에게 있다.

아이의 태도를 고쳐주기 위해서는 우선 가족들의 태도가 바뀌어야 한다. 어려서 신경질적인 아이는 나이가 들어도 잘 고쳐지지 않는다. 그런 아이를 가만히 관찰해보면 아이가 할 수 있는 과제 양보다 많은 양을 해야 하는 경우가 많다. 과도한 활동과 체험으로 이미 지쳐버린 아이는 즐거움보다 괴로움을 느끼기 때문에 짜증과 신경질을 자주 부리게 된다. 따라서 과제 양을 줄이고 아이가 마음대로 놀 수 있는 자유시간이 허용되는 따뜻한 가정 분위기를 만들어주어야 한다.

제멋대로인 아이, 괜찮을까?

툭하면 짜증내고, 자신의 요구를 들어주지 않으면 괴팍한 행동을 하며 제멋대로인 아이가 있다. 가정에서 아이의 이런 행동을 묵인하면 바깥

에 나가서도 똑같이 행동한다. 무엇이든 제멋대로
하려 드는 아이는 부모가 바로잡아주어야 한다.

　백화점에서 아이가 장난감을 사달라고 조른다고
하자. 비싼 장난감이 아니라면 흔쾌히 사줄 수도 있지만 한 번 제동을
걸어주는 게 좋다.

　"사 주고 싶지만 아빠와 상의를 해야 한단다."

　그러면 아이는 욕구를 참는 습관을 기르게 된다. 아이가 조르는 대
로 다 사주다 보면 아이는 갖고 싶은 욕망을 참지 못하게 된다. 무엇
이든 제멋대로 하려는 아이는 아주 어려서부터 부모가 제멋대로 하는
것을 묵인해온 탓이 크다.

　잘 우는 아이는 지적인 면보다 정서적인 면이 발달된 경우이다. 그
래서 감정을 말로 표현하지 않고 울음으로 나타내는 것이다. 이런 아
이들은 울 때마다 부모가 요구를 들어주었기 때문에 울음으로 모든
것을 해결하려 드는 것이다. 따라서 아이가 운다고 요구하는 것마다
들어주어서는 안 된다. 아무리 울어도 안 되는 것이 있다는 것을 알려
주어야 한다.

아이는 체벌로 가르칠 수 없다

'사랑의 매'라는 말은 우리나라에만 있다고 한다. 그런데 신기한 것은 가장 많이 맞고 자라는 우리나라 아이들이 그다지 문제행동을 하지 않는다는 점이다.

한 조사에 따르면 우리나라 아이들은 부모로부터 매를 맞을 때 철학적 반응을 보인다고 한다. 다시 말하면 외국 아이들은 매 맞는 것 자체에 반감을 보이고 기분 나빠하고 증오심을 키우는데, 우리나라 아이들은 부모가 자신이 잘 되라고 때리는 것으로 받아들이고 나중에 훌륭한 사람이 되기 위한 밑거름이 될 것이라고 생각한다는 것이다. 참으로 희한한 일이다. 그렇다고 혹시라도 마음놓고 아이를 때린다면 아동학대가 된다.

아이를 키울 때 가장 고민스러운 문제 중의 하나가 대체 어느 선까

사랑의 매든,
단순한 체벌이든
때리는 것은 안 된다.

지 타이르고 어느 선부터 체벌을 해야 하느냐 하는
것이다.

단호한 지적이 체벌보다 낫다

미국에서 공부하고 있을 당시에 한 미국인 가정을 방문하게 되었다. 그
집에는 이제 갓 돌을 넘겼을 법한 아이가 있었다. 거실에서 기어다니며
놀던 아이가 한쪽에 있던 화분에서 자갈을 한 움큼 쥐더니 바닥에 흩
뿌렸다. 요란한 소리를 내며 바닥에 흩어지는 자갈을 보며 아이는 신이
나서 그 장난에 몰두했다.

그때 아이 엄마가 아이에게 다가갔다. 엄마는 검지를 세워 보이며
나지막하지만 엄한 목소리로 "No!"라고 말했다. 그러나 아이는 이미
그 장난에 재미가 붙어 다시 한 번 자갈을 손에 쥐었다. 하지만 경고
를 받은 뒤라서 눈치를 보듯 엄마의 얼굴을 쳐다보았다. 그리고는 자
갈을 흩뿌렸다. 엄마는 다시 엄한 표정으로 "No!"라고 말했다. 또 다
시 손에 자갈을 쥐고 뿌리려던 아이는 주춤했다. 그리고 놀랍게도 손
에 쥔 자갈과 엄마의 'No'라는 신호 간의 관계를 이해라도 한 듯이 엄
마 도움으로 손에 든 자갈을 다시 화분에다 놓았다. 그 뒤로는 그 장
난을 다시 하지 않았다.

큰소리로 야단을 친 것도 아니고 매를 든 것도 아니었다. 돌을 갓

지난 아이가 상황을 완벽하게 이해한 것도 아닐 텐데 단 세 번의 단호한 지적에 아이의 행동이 고쳐지는 것을 보고 적잖이 놀랐다.

이와 같이 아이가 잘못했을 때 매를 들지 않고도 하지 말아야 할 일을 가르칠 수 있다. 사랑의 매든, 단순한 체벌이든 아이를 때리는 것은 절대 금물이다.

아이 스스로 달라지게 하는 법

자라면서 많이 맞은 아이가 다른 아이와 다툼이 생겼을 때 먼저 때리는 폭력적인 경향을 보인다는 통계가 있다. 부모한테 매를 맞으면 아이의 행동이 변할 것이라고 기대하는 것은 잘못된 생각이다. 매를 맞는다고 아이의 행동이 달라지는 않는다.

오히려 훈육이 더 교육적인 효과를 발휘할 때가 많다. 예를 들어, 책을 많이 읽으면 원하는 것을 들어준다든지 하는 식의 긍정적 강화 Reinforcement를 통해 아이의 행동을 수정할 수 있다.

부모가 역할모델이 됨으로써 긍정적 훈육이 이루어지게 할 수도 있다. 가령, 아이가 책상 정리를 잘하지 못했다고 하자. 이럴 때 엄마가 아이 앞에서 책상 정리하는 모습을 행동으로 보여주고(1단계), 다음에는 말로 설명해주고(2단계), 마지막에 아이에게 "너도 엄마처럼 정리를 잘할 수 있어"라고 격려해주면 된다(3단계).

논리적 귀결Logical Consequences을 경험하게 함으로써 아이 스스로 자신의 행동이 잘못되었다는 것을 깨닫게 하는 방법도 있다. 예컨대, 놀다가 집에 늦게 돌아오면 저녁밥은 자신이 직접 차려 먹고 치워야 한다는 규칙을 정했다고 하자. 그런데 저녁식사가 끝난 후에 들어왔다면 규칙대로 아이가 차려 먹고 치우게 해야 한다. 아이 스스로 자신이 한 행동에 따른 불이익을 몇 번 경험하게 되면 그 결과에 책임지면서 서서히 행동을 수정하게 된다. 즉 늦지 않게 집에 돌아와서 식사를 같이 하는 식으로 행동을 수정하게 된다.

집 안에서 훈육이 잘 된 아이는 남들과 나누고 협조하려는 성향을 보이며, 스스로 자신의 감정을 잘 통제해 남에게 피해를 주지 않으려는 경향이 있다. 예를 들어 엄마가 "너희들이 뛰어다니니까 정신이 하나도 없구나. 그만 좀 뛰어다녀라"라고 했을 때 "그럼 내 방에서 숙제 먼저 할게요"라거나 "그럼 밖에 나가서 놀게요"라고 반응하는 아이는 자신의 행동이 다른 사람에게 어떤 영향을 주는지 확실하게 알고 있는 경우이다. 이런 아이는 평소에 크든 작든 바람직한 행동에 뒤따르는 보상을 경험한 아이라고 볼 수 있다.

매를 맞는다고 아이의 행동이 달라지지는 않는다.

애정을 가지고 일관성 있게 훈육하기

앞서 집 안에서 뛰어놀았던 아이와 엄마의 예에서 만약 아이가 "싫어요"라거나 "엄마는 우리보다 더 시끄럽거든요"라고 반발하거나, 그저 하던 행동을 멈추고 멍하니 서서 바라보기만 했다면 평소 아이가 체벌로 행동에 많은 제약을 받았을 것이라고 유추할 수 있다.

체벌 위주로 교육하는 부모는 아이의 감정을 존중하지 않을 때가 많다. 그래서 쉽게 화를 내고 공격적인 아이가 되는 것이다. 아이는 단지 벌을 피하거나 칭찬받을 행동을 해서 자신의 실수를 감추기도 한다. 이렇게 성장한 아이는 벌이나 매로 인해 노예적 기질이 형성된다고 로크는 말했다. 자율적인 아이라기보다는 칭찬이나 매, 벌에 의해서 사는 수동적이고 타율적인 아이가 된다는 의미이다.

학자마다 훈육과 체벌을 나누는 기준은 조금씩 다르지만, 진정한 의미의 훈육은 애정을 바탕으로 일관성 있게 부모가 지도할 때에 가능하다. 여기에 원칙이 하나 있는데, 바로 '보여주고 말하는 것Show and Tell'이다.

예를 들어 그릇을 들고 다니면서 밥을 먹는 아이가 있다고 하자. 이 아이에게 가장 구체적이고 친절한 방법은 보여주고 말하는 훈육 방법이다. 성격이 급한 엄마는 "식탁에 앉아서 먹어야지 왜 그렇게 돌아다니는 거니! 빨리 오지 못해!"라고 다그치게 된다. 그런데 보여주고 말하는 훈육 방법은 "밥 가지고 여기 식탁으로 오렴. 여기에 앉아서 먹는 거야"라고 말한다. 특히 화가 난 어조가 아닌 친절한 목소리로 일관성 있게 설명해야 한다. 그리고 왜 밥을 돌아다니면서 먹으면 안 되는지를 설명한다. 이 모든 과정은 아이가 납득할 때까지 지속적으로 보여주고 설명해야 한다. 언뜻 생각하면 굉장히 답답하게 보이는데, 이 방법이야말로 아이에게 상처를 주지 않고 할 수 있는 훈육 방법이다. 한 번쯤 실행해보고 자신에게 맞는 방법을 찾아내는 부모가 현명한 부모이다.

명심할 것은 아이가 어릴수록 훈육이 필요하고, 훈육 시기를 놓치면 나중에 그 버릇을 고치기가 어려울 때가 많다는 점이다. 부득이하게 아이를 체벌해야 하는 상황이라면 부모의 감정을 최대한 가라앉힌 후 아이와 미리 정해놓은 원칙에 따라 회초리와 같은 특정한 체벌 도구를 이용해야 한다. 단, 아동학대로 신고(전화번호 1577-1391)되어 조사받을 수 있다는 것을 알아야 한다. 현행 아동학대방지법에서는 부모가 자녀를 때리는 행위도 범죄행위로 보기 때문이다. 때리지 않고도 훈육이 가능한 방법을 습득해야 준비된 부모라고 할 수 있다. 어떠한 경우라도 때리는 행위는 아동학대이며 범죄이다.

화가 난 상태에서는 아이를 꾸짖지 마라

대부분의 경우는 체벌하지 않고도 대화로 충분히 문제를 해결할 수 있다.

때로는 수치심을 느끼게 해서 아이의 행동을 변화시키는 것이 훨씬 더 효과적이다. 아이가 잘못된 행동을 했을 때 "엄마랑 약속하고도 네가 이렇게 행동하다니 실망스럽구나"라고만 말해도 아이는 '아, 내가 엄마를 실망시켰구나. 다음부터는 이런 행동을 하지 말아야지' 하고 스스로 반성한다.

아이를 꾸짖을 때는 부드러운 어조의 경어를 사용하는 것이 좋다. 화가 난다고 아이에게 소리를 지르면 엄마의 높아진 목소리나 화난 표정에 아이의 신경이 쏠리기 때문에 오히려 엄마가 혼내는 내용이 귀에 들어오지 않을 수 있다.

유대인 부모들은 화가 난 상태에서는 절대 아이를 꾸짖지 않는다. 화가 난 상태에서는 아무것도 교육할 수 없다고 믿기 때문이다. 그래서 화가 많이 났을 때는 화를 먼저 가라앉힌 다음에 차분하게 무엇이 왜 잘못되었는지를 설명해주고, 그 잘못된 행동이 얼마나 많은 손해를 가져왔는지를 가르친다.

가령 아이가 거실에서 공놀이를 하다가 새로 산 꽃병을 깨뜨렸을 때 유대인 어머니는 경제적 손실을 곧바로 아이의 용돈에서 얼마씩을

공제한다. 자신의 잘못으로 용돈이 줄어드는 경험
을 통해 아이가 거실에서 공놀이하는 행동을 수정
하게 만드는 것이다. 대단한 경제교육이면서 참교
육이라 할 수 있다.

아이를 꾸짖을 때 하나에서부터 열까지 따지거나 지금의 문제와
아무 상관없는 다른 문제까지 모두 들추어내서 비난하는 일도 조심
해야 한다. 또한 "꼴도 보기 싫다", "네가 그럴 줄 알았다" 등의 아이
의 자신감과 의욕을 떨어뜨리는 말도 해서는 안 된다. "넌 왜 동생만
도 못하니?"와 같이 남과 비교하는 말도 피해야 하며, "바보가 따로
없구나"와같은 말이나 "또 그럴 거야, 안 그럴 거야?"와 같은 말로 윽
박질러서도 안 된다.

사실상 앞서 언급한 말들을 맘먹고 의도적으로 하는 부모는 없다.
아이를 꾸짖다가 흥분해서 자기도 모르게 튀어나오는 말들이다. 부모
의 거친 말은 교육적 효과를 떨어뜨릴 뿐만 아니라 아이에게 불신감
을 키운다. 꾸짖은 후에는 장황한 설교를 늘어놓는 것보다 다시는 부
모를 실망시키지 않았으면 좋겠다는 식으로 부모의 감정이나 실망감
을 표현하는 것이 오히려 더 효과적이다. 간혹 크게 야단치고 나서 너
무 심한 것 같다고 느껴 아이를 부둥켜안고 "이 못난 엄마를 용서해"
라며 눈물짓는 엄마가 있다. 그것은 아이에게 혼란을 일으킬 뿐이고

훈육의 효과는 없다. 오히려 그런 일이 없도록 노력하는 게 낫다.

훈육을 위한 몇 가지 원칙

아이를 훈육시킬 때 부모는 몇 가지만 기억하면 된다. 이것들만 조심해도 큰 화는 피할 수 있을 것이다.

첫째, 훈육의 목적은 스스로 자기를 통제할 수 있는 아이로 키우려는 것이지 무조건 부모 말을 잘 듣는 아이로 키우려는 것이 아님을 명심하자.

둘째, 훈육할 때는 절대로 화를 내지 말자. 부모가 화를 내면 아이는 화난 표정에 관심을 두고 말하는 내용에는 관심을 두지 않게 된다.

셋째, '일단 중지'와 '화제 바꾸기'를 사용하자. 형제간에 싸움이 났다면 두 아이를 잠깐 벽을 보고 서 있게 해서 일단 싸움을 중지시킨다. 일단 중지는 이런 행동이 더 이상 용납되지 않는다는 것을 느끼게 하는 데 효과적이다. 아이의 관심을 다른 화제로 돌려 화가 난 상황에서 벗어나게 해주는 것도 좋다.

넷째, 아이가 큰 실수를 저질렀을 때는 그 자리에서 잘못을 바로잡으려 하지 말고 스스로 판단할 시간을 주자. 그 후에 기회를 봐서 부모가 그 일에 관심을 가지고 있다는 것을 느끼게 해주는 것이 좋다. 아이에게 반성할 수 있는 시간이 주어지기 때문에 자신의 행동에 대

해 깊이 생각하게 되고, 다음에 같은 실수를 저지를
확률이 적어진다.

원래 아이는 자기중심적인 존재여서 말도 안 되
는 고집을 피우고, 자신이 원하는 것을 들어줄 때까지 울거나 칭얼대
는 경우가 많다. 갓난아기는 엄마 사정이야 어떻든 배고프면 울고, 기
저귀가 젖으면 칭얼댄다. 이때 엄마가 울음이라는 신호에 민감하고
적절하게 상호작용해주면 울보 아기에게서도 해방될 수 있다. 결국
울보 아기도 엄마가 만든다고 할 수 있다.

고집을 피우며 우는 아이를 엄마가 신경질적으로 크게 꾸짖으면 울
음소리가 더 커진다. 목소리의 크기는 아무것도 아닌 것처럼 보이지
만 실은 자녀교육에서 매우 중요한 열쇠이다. 아이의 울음소리가 커
지고 엄마의 목소리가 커지는 상태는 어느 한쪽이 지칠 때까지 계속
될 수밖에 없다.

꾸짖은 후에는 아이의 마음속에 화가 남아있지 않도록 해야 한다.
때로는 아이가 잘못을 깨닫고 서럽게 울 수도 있고, 반대로 씩씩대며
화를 낼 수도 있다. 이럴 때 부모가 항상 자신을 사랑하고 있다고 느
끼게 해주는 것이 중요하다. 그렇다고 구구절절 야단친 내용을 장황
하게 다시 설명하거나 야단쳐서 미안하다고 해서는 안 된다. 간단명
료하게 아이의 잘못을 지적하고 엄마가 무엇 때문에 실망했는지를 이

야기해주면 된다.

아이가 고집을 피우다 혼나서 삐친 것처럼 보일 때는 한동안 시간을 두었다가 나중에 안아주는 것도 좋다. 바로 달래주어야 한다는 생각에 삐쳐 있는 아이를 억지로 안아주려 하다가는 자칫 반발심을 살수 있다.

다섯째, 효과적인 훈육을 위해서는 아이와 약속을 해야 한다. 예를 들어, 뭔가를 잘못했을 때 '생각하는 의자'에 앉아있기로 약속했다고 하자. 그런데 언젠가부터 생각하는 의자에 앉아있으라 하면 심각한 사안이 아니라고 생각하는지 싱긋 웃으며 의자에 앉아 장난을 치고 있다. 그렇다면 아이에게 생각하는 의자는 더 이상 훈육의 역할을 할수 없다고 봐야 한다. 그런 상황이라면 이 약속을 고집할 것이 아니라다른 방법을 찾아야 한다.

여섯째, 일곱 살쯤 된 아이가 거짓말을 해서 걱정하는 부모가 많은데 그러지 않아도 된다. 이 시기에 아이가 하는 거짓말은 어른들이 생각하는 것만큼 나쁜 것은 아니니 걱정의 시선을 거둬도 된다.

때로는 아이의 상상력을 언어 발달이 뒷받침해주지 못해 자신의 느낌을 강조하다가 말이 길어지고 자극적인 과장이 섞여서 거짓말이 되기도 한다. 이럴 때 부모가 "너 거짓말하는 거 다 알아. 왜 자꾸 거짓말을 하니? 다시 한번 그러면 앞으로 네 말 안 믿어줄 거야"라고 불신하는 태도를 보이면 아이는 부모의 관심을 얻기 위해 또 다른 거짓말을 할 수 있다.

아이의 거짓말을 심각하게 받아들여 필요 이상으로 반응하지 않도록 조심하자. 거짓말이 왜 나쁜지를 이해시키면 아이 스스로 책임감을 느껴 거짓말을 하지 않게 될 것이다.

간혹 부모가 거짓말하는 모습을 보고 아이가 배우는 경우가 있다. 아이가 무엇을 사 달라고 졸랐을 때 "내일 사줄게"라거나 "이번 시험 잘 보면 사줄게"라는 말로 상황을 넘겼다가 약속을 지키지 않는 부모가 있다. 또는, 전화 받기 귀찮을 때 "엄마 지금 바쁘다고 그래"라며 아이에게 거짓말을 시키는 경우도 있다. 이런 일이 반복되면 아이들은 거짓말하는 것에 죄의식을 느끼지 않을 수 있다.

일곱째, 아이의 성격이나 상황, 발달단계에 맞게 기준과 규칙을 융통성 있게 적용하자. 많은 책들을 읽고 원칙과 기준을 세워 훈육을 하는데도 아이들에게 적용하기 어렵다면 먼저 '아이의 눈높이에 맞게 원칙과 기준을 조정했는가?'를 고민해야 한다. 말하자면 큰아이의 특성과 막내의 특성을 고려했는지, 아이들 간의 나이 차이가 발달단계상에서 같은 시기에 속하는지를 수시로 점검하고, 적용할 수 있는 원칙과 기준인지를 늘 아이들의 눈높이에서 살피고 수정해야 한다.

예를 들면, 두 아이가 싸우다가 걸리면 각방으로 들어가서 조용히 자숙하는 규칙을 만들었다고 하자. 초기에 아이들은 시무룩한 표정을 지으며 뭔가를 잘못했다고 생각하는 것 같았다. 그런데 어느 정도 시간이 흐르면서 각방으로 들어가라고 하면 오히려 자기 하고 싶은 일을 할 수 있다고 좋아하는 표정이라면 지금이야말로 수정이 필요한 때이다. 훈육은 엄마의 시선과 관심 속에서만 의미 있는 변화를 만들어내고, 아이들 역시 큰 스트레스 없이 행동변화가 이루어진다는 것을 명심하자.

여덟째, 아이의 행동을 왜 받아들일 수 없는지 알려주자. 가령, 아이가 젖먹이 동생이 우는 소리가 듣기 싫다고 짜증을 낸다고 하자. 그럴 때는 아이 편에 서서 동생이 우는 상황이 짜증날 수 있다는 것을 인정해주면서 아이의 감정을 읽어주자. 그리고 나서 아직 어린 동생은 울음소리로 말을 대신하는 것이니 우는 소리를 싫다고 해서는 안 된다고 설명해주자. 그러면 아이는 엄마와 함께 동생을 돌보는 도우미의 역할을 해야겠다고 생각하게 된다. 또한, 동생을 돌보며 엄마에게 칭찬받는 일이 반복되면 동생을 좋아하게 된다. 쉽지 않은 일이지만, 아이들 눈높이를 맞출 수 있다면 육아는 즐거워진다.

아홉째, 일관성 있는 태도로 아이를 대하자. 어른이 일관성 없는 태도를 보이면 아이들은 불안감을 느끼게 된다. 일반적으로 제대로 훈육이 이루어지지 않은 아이는 일관성 있게 가르치지 못한 부모의 탓이 크다. 특히 미국에서는 훈육이 안 된 아이의 부모를 게으른 부모로 취급한다. 훈육 시기를 놓치지 말고 일관성 있는 원칙으로 제때 훈육이 이루어지도록 노력하자.

훈육은 엄마의 시선과 관심 속에서만 의미 있는 변화를 만든다.

부모들의 잘못된 양육 태도

과보호형 부모

아이를 맹목적으로 사랑하면서 자신의 생각을 강요한다. 이런 부모는 아이
가 자신이 원하는 대로 하지 못하면 '우리 아이는 왜 이럴까?'라고 문제로 인
식하고 아이를 옭아매는 경향이 있다. 이런 부모 밑에서 자란 아이는 의존적
이고 수동적이다. 인내심이 부족하고 신경질적이며 창의성도 부족하다. 이런
부모 밑에서 마마보이, 마마걸이 탄생한다.

냉담형 부모

부모와 아이 사이에 감정의 교류 없이 아이를 그저 '기르는' 대상으로만 여겨
애정과 유대감이 없다. 서로 거리감이 있어서 강한 결속력이 없다. 아이도 자
신이 사랑받지 못한다는 것을 알고 있어 자칫 분노와 증오심을 키울 수 있다.
요즘 부모들은 바쁘다는 이유로 아이들이 이렇게 느낄 가능성이 크다. 언젠
가 의도적으로 수요일과 토요일을 가정의 날로 정해 가족이 함께하는 활동을
프로그램으로 만들었다는 부모의 이야기를 들은 적이 있다. 말만 들어도 훈
훈한 집 안 분위기가 전해져왔다. 아이와 함께 부모의 노력이 필요한 부분이
라고 생각한다.

사육형 부모

무엇이든 부모가 해주어야 한다는 생각에 하나부터 열까지 모두 나서서 챙겨준다. 아이 스스로 실패도 하고 성공도 하면서 능력을 터득할 수 있는 기회를 주어야 하는데 부모가 그 기회를 빼앗는 경우이다. 엄마가 시키는 대로만 하는 아이는 스스로 뭔가를 해본 경험이 없어 결국 혼자서는 아무것도 할 수 없는 아이로 자라게 된다.

사육형 부모들을 상담하면 주로 듣는 얘기가 있다.

"우리 애가 어려서는 잘 따라왔는데 이제 다 커서 혼자 해보라고 했더니 저만 쳐다보고 있어요. 가끔은 생각이 없는 아이처럼 보여서 정말로 답답해요. 어떻게 하면 자기 인생을 스스로 개척하면서 살 수 있게 될까요?"

나 역시 눈앞이 캄캄해지고 막막해지는 질문이다. 왜냐하면 너무 많은 시간 동안 사육되어 양육되기가 어려운 지경이 되어버렸기 때문이다. 인간은 동물처럼 사육되어서는 안 되고, 어려서부터 양육되어야 하는 존재라는 것을 명심하자.

순종 요구형 부모

위험하다는 이유로 아이의 호기심과 의욕을 꺾는 일이 많다. 이들은 얌전하고 부모 말에 순종하는 아이를 착한 아이라고 생각한다. 그러나 아이들은 호기심이 많아서 이것저것 해보고 싶어 하고 실수도 하기 마련이다. 부모 말에 순종하는 아이는 자라서도 다른 사람에게 의존하게 되고, 일이 자기 뜻대로 되지 않으면 남을 원망한다. 자기 생각대로 인생을 살아오지 않았기 때문이다. 이런 아이는 늘 남의 탓을 하고, 자기주도적인 인생을 살기가 힘들다.

독재형 부모

아이 뒤를 졸졸 쫓아다니면서 무슨 일이든 대신 처리해준다. 그래서 아이는 친구를 사귀기가 어렵다. 예컨대, 어떤 아이가 자신의 아이를 때린다고 엄마가 가서 혼을 내면 아이가 스스로 대처하는 능력을 키우기 어렵고 원만한 인간관계를 형성해 갈 수 없다.

강제 교육형 부모

가령, 배변 훈련 때 지나치게 강요해서 아이를 긴장시키는 부모이다. 그러면 배변 실수로 혼이 날까 봐 배변을 하고도 안 했다고 하거나 내내 긴장 속에서 살기도 한다. 변이 방바닥에 떨어져 있어도 자기 것이 아니라고 우기면서 거부하는 경우도 있다. 뭐든 자유롭지 않아서 오는 불편함이다. 부모가 아이 교육에 지나치게 매달리면 아이는 늘 긴장하고 불안감을 느끼게 된다. 이런 일이 반복되면 부모에 대해 적대감과 불신감을 키우게 된다.

애정 흥정형 부모

자신이 이만큼 애쓰고 있다는 것을 자꾸만 아이에게 알리려고 한다. 자식 사
랑은 자신이 해준 만큼 보답을 바라거나 거래처럼 흥정하거나 계산하는 것이
아니기 때문에 바람직하지 않다. 이런 식으로 과거에 아이에게 해준 것을 지
속적으로 말하면서 부담을 주고 부모 대접을 강요하면 얼마 못가서 아이들은
부모를 피하게 된다. 부모의 사랑은 그냥 주는 것이다. 우리 역시 대가 없이
부모로부터 받기만 하지 않았던가.

5장

자신감은 놀이 속에서 만들어진다

놀이할 때의 집중력은
학교에 가면
공부에 몰두하는 힘이 된다.

자신감은
친구도 만든다

아이들은 만 3~4세가 되면 친구를 사귀기 시작한다. 이제까지는 다른 아이들과 함께 있더라도 따로 노는 수준이었다면 이제는 어울리면서 협동하고 갈등도 겪으면서 사회의 규칙들을 배워 나간다. 바로 사회성을 익혀 나가는 것이다. 사회성이란 다른 사람들과 더불어 잘 지낼 수 있는 능력으로, 그 시작은 가정에서 엄마 아빠와 안정된 관계를 맺는 것이다.

갓 태어난 아기는 엄마 품에서 안정감과 편안함을 최초로 경험한다. 엄마 젖을 먹고, 엄마의 촉감을 느끼고, 엄마의 따스한 목소리를 들으면서 아이는 서서히 엄마를 기억한다. 엄마가 미소를 짓고 안아 주면 눈을 마주치면서 엄마를 따라다닌다. 그러면서 엄마와 강한 애착 관계를 형성한다. 아이들은 엄마와의 애착 관계를 토대로 아빠와도 애착 관계를 맺고, 나아가 만 3세 이후부터는 또래 친구들과도 애착 관계를 만들어 간다.

　가정에서 부모와 좋은 관계를 유지해온 아이들은 친구들을 사귈 때도 자신감 있는 태도를 보인다. 친구들이 자신을 좋아하고 자기와 노는 것을 재미있어 한다고 생각하기 때문이다. 그래서 자연스럽게 다른 아이들에게 말을 걸고, 간혹 마음 상하는 일이 생겨도 크게 개의치 않는다. 부모로부터 충분히 인정받고 있기 때문에 자신을 믿고 당당하게 행동하는 것이다.

　반면에 부모의 사랑을 충분히 받지 못해 애착 관계가 제대로 형성되지 못한 아이들은 자신감이 없고 세상에 대한 믿음을 갖지 못한다. 그러므로 친구들에게 쉽게 다가서지 못하고 세상을 향해 나아가는 것도 두려워한다. 이런 아이들이 또래 친구들 속에서 갈등을 겪게 되면 심하게 좌절하고, 스스로 문제를 해결하려는 의지를 보이지 않는다.

　이 시기에 아이가 친구들과 잘 어울리게 하려면 일찍부터 안정적인 부모와의 애착 관계를 만들어 자신감을 심어줘야 한다. 이때 부모들에게 도움이 될 수 있는 몇 가지 방법이 있다.

적당한 거리 유지하기

소심하고 내성적인 아이들은 누군가와 어울려 노는 데 시간이 걸린

다. 이런 아이들이 친구들과 잘 어울리지 못하는 이
유는 내성적인 탓도 있지만 부모가 아이의 내성적
인 성격을 너무 크게 생각한 나머지 과잉보호를 하
기 때문이다. 아이가 혹시 상처받지 않을까 걱정하여 친구들과 어울
릴 수 있는 기회를 충분히 주지 않는 것이다.

또, 아이가 어떤 행동을 하려고 하면 부모가 나서서 교통 정리를
해주기 때문에 아이 스스로 해보려는 의지를 갖기도 힘들다. 아이의
자신감을 키워주고 싶다면 부모가 적당한 거리에서 지켜볼 필요가
있다.

간섭하지 않기

만 3세쯤 되면 부모가 곁에서 지켜보지 않더라도 혼자서 충분히 친구
들과 어울려 놀 수 있다. 그런데 부모가 주변을 빙빙 돌며 일일이 간
섭하면 아이는 놀고 싶은 흥도 깨지고 무엇을 하든 '나 혼자서는 할
수 없구나'라고 생각해 자신감을 잃게 된다. 그러므로 안전을 위협하
는 수준이 아니라면 아이의 행동을 믿고 지켜봐주는 게 좋다.

아이들은 흙을 가지고 놀다가 옷을 더럽힐 수도 있고, 얼굴에 얼룩
이 생길 수도 있다. 또, 친구들과 다툼이 생길 수도 있다. 다투고 싸움
이 일어나더라도 아이는 그 속에서 많은 것을 배운다. 큰 싸움이 아니

라면 후다닥 뛰어와 말리고 화해시키고 통제할 필요는 없다.

지나치게 엄격하지 않기

지나치게 엄격한 부모 밑에서 자란 아이는 늘 위축되어 있다. 또한, 스스로를 부족한 아이, 뭐든 잘하지 못하는 아이로 생각하며 자신감이 없다. 친구들을 대할 때도 기가 죽어 말을 걸지 못하거나 위축된 감정이 어느 순간 폭발해 폭력적인 행동을 보이기도 한다.

그래서 민주적인 집 안 분위기를 만들어야 한다. 아이의 말을 충분히 들어주고, 아이가 어떤 행동을 보이더라도 긍정적으로 지지해주어야 한다.

다른 아이와 비교하지 않기

또래 친구나 어린 동생과 비교하면서 아이의 부족함을 지적하거나 비난해서는 안 된다. 다른 사람과 비교당하는 것은 어른들도 참기 힘들다. 아이들은 더하면 더했지 덜하지 않다. 부모가 자신을 인정해주지 않으니 자신감을 잃는 것은 물론이고, 피해의식까지 가질 수 있다. 게다가 주변 아이들이 자신보다 낫다고 생각하면 또래 관계에서 점점 더 소극적이 되어간다.

자신감을 키워주려면 아이를 있는 그대로 인정해주고 온전한 인격체로 대접해주어야 한다.

친구가 괴롭힐 때는
단호하게 반응하도록 가르치기

자신감이 없는 아이는 친구가 장난감을 빼앗거나 몸을 밀치면 울음을 터뜨리거나 엄마를 찾는 등 소극적으로 대응한다. 그러면 상대 아이는 더욱 만만하게 생각해 계속해서 괴롭히게 된다. 친구가 자신을 괴롭힐 때는 단호하게 반응하도록 가르치자.

"그 장난감은 내 거야!"

"밀지 마!"

자신의 의지를 분명하게 전달하도록 아이를 이끌어주자.

솔직하게 표현하기

자신의 감정이나 생각을 정확하게 표현하는 아이는 친구들과 좋은 관계를 만들어 간다. 간혹 갈등이 생기더라도 대화로 풀어나간다.

그러려면 집 안에서부터 엄마 아빠에게 자신의 감정을 솔직하게 말할 수 있는 분위기를 만들어줘야 한다. 좋은 것과 싫은 것, 하고 싶은 것과 하기 싫은 것 등 자신의 의사를 분명하게 밝히고, 왜 그런지를 구체적으로 말할 수 있게 도와주자.

아이가 맘에 들지 않는 행동을 했을 때에도 "넌 대체 왜 그러니?"라고 화를 내지 말고 "왜 그렇게 했는지 말해볼래?"라고 아이의 생각을 물어주자.

할 수 있다고 격려해주기

"엄마는 네가 해낼 줄 알았어", "넌 잘할 수 있을 거야"와 같이 아이에게 자신감을 심어주는 말을 자주 해주자. 그러면 아이는 자존감이 높아지고, 친구들을 대할 때도 자신감 있는 태도를 보인다. 또한, 긍정적으로 생활하고 자신의 잠재된 능력을 스스로 찾아내 발휘하게 된다.

놀이로 키워주는 자신감

아이들은 놀이를 통해 시행착오를 겪고 문제해결력을 기르며 자신감을 키운다. 이때 아이가 주도할 수 있는 놀이를 하면 더욱 효과적이다.

팀으로 나눠서 작전을 짜는 놀이를 하거나 리더가 되어 다른 사람들을 이끌어주는 놀이를 하면 좋다. 예를 들면, 집에서 가족들과 함께 빨래 나르기 시합을 한다든지, 친구들과 모여 놀 때 돌아가면서 왕이 되는 놀이를 해보자.

여럿이 함께하는 놀이 하기

여럿이 함께 노는 즐거움을 알게 하자. 다양한 인형을 준비해 역할놀이를 하거나 커다란 전지를 바닥에 깔고 여럿이 그림을 그리는 방법도 좋다. 자연스럽게 타인의 감정을 살피고 배려하면서 협동심과 단결심까지 배우게 될 것이다.

사촌들과 놀게 하기

형제자매가 있는 아이들은 함께 놀고 다투고 양보하는 과정에서 자연스럽게 사회성이 발달한다. 형제자매가 없다면 사촌들과 어울릴 수 있는 기회를 만들어주자. 나이와 성별이 다른 사촌들과 어울려 놀면 폭넓은 놀이 영역을 경험하면서 놀이에 더 자신감을 갖게 된다.

엄마가 끼어 놀아주기

아이가 선뜻 다른 아이들과 어울려 놀지 못할 때는 엄마가 아이들의 놀이에 참여해 노는 것도 좋은 방법이다. 엄마가 함께 놀면 마음이 든든해진 아이는 놀이에 끼려고 할 것이다. 이때 엄마가 자연스럽게 다른 아이들과 어울릴 수 있도록 상황을 만들어주고 서서히 놀이에서 빠져 나오면 된다.

스토리가 있는 역할놀이 하기

역할놀이는 아이들의 사회성을 키워주기에 아주 좋은 방법이다. 다양한 역할을 해보면서 상대방에게 다가가는 법과 상대방의 마음을 헤아리는 법을 배울 수 있기 때문이다. 또 역할놀이를 하면서 엄마도 되어 보고, 의사 선생님도 되어 보고, 분식집의 주인도 되어 보면서 다양한 역할을 구체적으로 해볼 수 있다. 친구들을 만나는 상황을 미리 연출해서 어떻게 말하고 행동할지를 연습해볼 수도 있다.

역할놀이를 할 때는 놀이가 단발성으로 끝나지 않고 자연스럽게 이어지도록 옆에서 적절한 추임새를 넣어주자. 가령, 병원놀이를 한다면 단순히 진찰만 하는 선에서 그치지 않고 집에서 나갈 때부터 약국에 들러 돌아오는 길까지 스토리를 만들어 나가는 것이다. 몇 번 해보면 아이는 스스로 이야기를 설정하고 풀어 나가게 된다.

아이돌 가수처럼 해보기

다른 사람을 즐겁게 해주는 능력을 가진 사람은 어디서든 인기를 얻는다. 남들 앞에 나서기 위해서는 모든 사람들에게 즐거움을 선사할 수 있다는 자기확신이 필요하다. 아이돌 가수를 흉내 내며 사람들 앞에서 노래를 부르는 것도 자신감을 키우는 좋은 방법이다. 마이크를 들고 노래를 부르거나 악기를 연주하거나 춤을 추면서 아이돌 가수를 흉내 내게 하자. 이때 열광하는 부모의 태도와 응원이 있다면 아이는 더 신나게 노래하고 춤출 것이다.

동시 외우기나 간단한 마술 등 아이가 할 수 있는 특별한 장기를 하나씩 만들어주는 것도 좋다.

사진으로 꾸미고 이야기해보기

아이와 함께 거실 벽면을 아이 사진으로 꾸며 보자. 아기 때 사진부터 자라면서 찍어 둔 사진과 최근 사진까지 여러 장을 골라 이곳저곳에 붙여보자. 그런 다음에는 사진을 보면서 언제 무슨 일이 있었는지를 이야기해보자.

집에 친척이나 친구들이 놀러왔을 때 아이가 그 사진을 설명해주도록 하자. 자신의 이야기를 풀어놓으면서 아이는 자신감과 함께 자존감도 자라게 될 것이다.

아이의 놀이시간은
전인교육 시간이다

'공부'의 반대 개념을 '놀기'라고 생각하는 어른들이 많다. 그런 입장을 가진 부모라면 마냥 신나게 뛰어노는 아이가 걱정스러울 수 있다. 그러나 아이에게 있어 놀이는 학습이자 정서 순화의 수단으로 성격에 영향을 미친다.

아이는 놀이를 통해 자신을 둘러싸고 있는 세계를 탐색하면서 많은 것들을 배운다. 그래서 아이에게는 놀이가 곧 학습이다. 아이는 놀면서 사물을 관찰하고 여러 가지 방법으로 실험하면서 스스로 학습한다. 이렇게 놀면서 집중하고 탐색하는 힘은 나중에 학습과 관련된 힘이 된다.

아이가 놀고 있는 모습을 보면 참으로 기발하다는 생각을 할 때가 많다. 때로는 단순한 막대기가 멋진 칼이 되기도 하고, 하늘을 나는

마법사의 빗자루가 되기도 하고, 요술 지팡이로 변
신하기도 한다. 아이는 원하는 대로 상상하고 자유
자재로 변형시켜 논다.

아이는 노는 동안 여러 가지 문제 상황에 부딪힌다. 그럴 때마다 이
리저리 머리를 굴리고 고민해서 만족할만한 해결책을 얻기 위해 노력
한다. 이 과정에서 아이가 맛본 성취감과 해결책을 찾기 위해 이리저
리 노력하는 과정은 더없이 값진 경험이 된다.

뿐만 아니라 아이는 여러 가지 장난감, 흙, 나무토막, 돌멩이, 나뭇
잎 등 구체적인 사물을 가지고 노는 동안, 각 물체의 무게, 질감, 색깔,
크기 등 물리적 지식을 습득하게 되고, 논리·수리적 학습도 이루어진
다. 놀이는 아이에게 있어 여러 가지 정보를 접할 수 있는 통로인 동
시에 많은 개념과 기술을 배우고 창의력을 발휘할 수 있는 기회인 것
이다.

놀이는 사회성을 키우고 신체 발달을 돕는다

아이들은 놀이를 통해 사회성을 기른다. 여러 아이들과 어울려 놀이
를 하는 동안 자연스럽게 사귀는 기술을 배우는 것이다. 친구들과 소
꿉놀이나 역할놀이를 할 때 자신이 좋은 역할을 하겠다고 떼를 쓰다
따돌림을 당하는 경우가 있다. 이럴 때 아이는 자신이 하고 싶은 것만

하겠다고 고집을 피워서는 안 되고 타협을 해야 한다는 것을 알게 된다. 곧 친사회적 성향을 익히는 것이다. 병원놀이, 소꿉놀이 등을 하면서 각자에게 주어지는 역할을 이해하고, 주사위나 게임판 등의 장난감을 통해서는 나름대로 규칙을 배우기도 한다.

그런데 따돌림을 당하게 되면 오히려 공격적인 아이로 돌변하는 경우도 있다. 이러한 행동은 주로 반사회적 성향이 강한 아이에게 나타난다. 머리카락을 잡아당기거나 지우개를 던지고 다른 아이들의 옆구리를 찌르는 등 미성숙한 행동을 보이기도 하는데, 친구를 향한 관심을 잘못된 행동으로 표출하는 것이다. 이러한 미성숙한 사회성은 아이가 자라면서 놀이를 통해 점차 세련되어진다.

점차 나아질 줄 알고 기다렸는데 다른 아이와 어울리지 못해 같이 노는 것을 기피하는 경우 아스퍼거 장애Asperger Disorder를 의심해야 한다. 아스퍼거 장애를 보이는 아이는 지능은 정상이고 언어나 인지발달 면에서 오히려 월등한 경우가 대부분이어서 부모들이 알아차리지 못하는 경우가 많다. 똑똑하기는 한데 사회성이 부족해 남과 어울리는 상호관계에서 장애를 보이는 아이라고 보면 된다.

아이들은 놀이를 하면서 신체 발달이 이루어진다. 몸이 건강해야 그만큼 활동적으로 많이 뛰어놀 수 있다. 이리저리 뛰어다니며 소란스럽게 노는 아이에게 어른들은 조용히 하라고 주의를 줄 때가 많다.

미성숙한 사회성은
아이가 자라면서
놀이를 통해 세련되어진다.

움직임이 많아 늘 부산하게 돌아다니면 주의가 산
만하다고 걱정하기도 한다. 그만큼 아이들은 잠시
도 쉬지 않고 움직인다.

현대 사회에서 소아 비만이나 허약 체질아가 늘어나는 것은 아이
가 제때 필요한 운동량을 채우지 못하기 때문이다. 운동 부족은 아이
의 성장을 방해할 뿐 아니라 척추측만증과 같이 꾸부정한 자세로 인
한 질병을 일으킨다. 활동적으로 움직이지 않고 책상에 앉아 공부에
만 매달리다 보면 올바르지 못한 자세가 굳어지게 되고, 순발력과 조
절능력이 떨어져 사고의 위험성이 높아지게 된다. 운동은 학습능력에
도 영향을 미치는데, 운동을 하면 뇌의 혈액순환이 왕성해져 집중력
이 그만큼 높아지게 된다.

아이가 눈치 보지 않고 마음껏 뛰고 뒹굴며 놀 수 있는 기회를 주어
야 한다. 그것이 부모들의 역할이다.

또한, 엄격한 규칙으로 아이를 통제하기보다는 전적으로 아이에게
맡기는 자율이 우선되어야 한다. 아이가 다칠까 봐 주변에서 빙빙 돌
며 전전긍긍하고, "이 놀이는 위험하단다"라거나 "저 놀이는 재미없단
다"라고 간섭하는 것은 아이의 정신적·신체적 성장을 막는 일이다. 스
웨덴에서는 바깥놀이를 할 때 아이에게 하지 말라는 말을 하지 않는
다. 자유롭게 놀게 해서 스스로 조절하고 자기통제를 하도록 기회를

주는 것이다. 사고가 자주 일어날 것 같지만, 그렇지 않다. 이처럼 길게 보고 이루어지는 교육법은 아이 스스로 위험으로부터의 안전장치를 가동시켜 자기통제력을 가지게 한다.

자연과 접하는 환경이 필요하다

아이가 놀이하는 동안은 평가의 시간이 되기도 한다. 놀고 있는 모습을 보면 아이의 발달 상태를 파악할 수 있기 때문이다.

때로는 놀이가 치료 기능을 담당하기도 한다. 놀이 치료란 놀이를 하면서 무의식적인 충동이나 갈등을 치유하는 방법으로, 아이들에게 많이 사용된다. 특히 물놀이나 모래놀이는 긴장감을 해소시키면서 안정감을 준다. 혹시 아이의 내면에 응어리진 것이 있다면 놀이치료가 필요하다. 놀이를 통해 응어리를 밖으로 표현하면 문제가 해결되거나 가벼워지면서 개선되어진다.

주변을 둘러보면 아이들이 맘 놓고 뛰어놀 공간이나 자연과 접촉할 수 있는 환경이 절대적으로 부족하다. 그러나 엄마가 조금만 신경 쓰면 아이가 자연과 친구가 될 수 있다.

가령, 놀이터에서 아이와 함께 모래성 쌓기를 해본다든지, 입으로 바람을 불어서 나뭇잎이 땅에 떨어지게 한다든지 누가 더 멀리 날아가게 하나 게임을 해볼 수 있다. 비가 온 뒤에 아파트 화단에 나가서

지렁이나 달팽이가 있는지 관찰할 수도 있고, 아이와 공원을 산책하며 꽃이나 나무 이름 맞추기를 해볼 수도 있다. 베란다에 잔디 느낌이 나는 부드러운 카펫이나 흙을 깔아놓고 그 위를 걸어보는 것도 좋고, 고추나 상추, 토마토, 브로컬리 등의 채소를 길러보는 것도 좋다. 이처럼 따로 놀이 공간이나 특별한 기구가 없어도 마음만 먹으면 손쉽게 자연에 대한 친화력을 만들 수 있다.

그 밖에도 아이와 캠프를 간다거나 수목원이나 동물원에 가서 재미있게 자연을 배울 수 있는 기회를 마련하는 것도 좋다.

이때 어른들이 주의할 점은 아이의 수준에 맞춰서 놀아주어야 한다는 것이다. 눈높이 교육은 무언가를 가르칠 때에만 필요한 것이 아니라 놀아줄 때도 필요하다. 아이와 놀아줄 때는 어른이라는 선입견을 버리고 현실적인 제약에서 벗어나 동심으로 돌아가야 한다. 요즘은 아이들과 '놀아줬다'고 하지 않고 '놀았다'고 말하는 부모가 늘고 있는데, 아주 바람직한 현상이다.

집중하는 힘은
놀이가 만든다

요즘 아이들은 흙 밟을 겨를이 없다. 어릴 때부터 학원이다 과외다 쫓아다니느라 뛰어놀 여유가 없어서다.

과거에는 학교가 끝나면 집에 가방을 던져두고 밖으로 뛰어나갔다. 하루 종일 골목에서 뛰어노는 게 아이들의 일과였다. 요즘처럼 창의성을 키워준다는 학원이나 놀이교실을 다니지 않아도 아이들의 아이디어는 늘 반짝였다. 이런저런 방법으로 다양하게 놀면서 호기심을 채우느라 심심할 틈도 없었다.

이제 사정이 달라졌다. 학교에 들어가기 전에 충분히 놀게 하라는 말은 허공에서 맴돌다가 사라지는 시대가 되었다. 아이가 유치원에 들어가면 대부분의 부모들은 '이게 아닌데'라고 생각은 하면서도 주위에 휩쓸려 이 학원 저 학원으로 보내기 시작한다. 처음에 '운동은

'하나 해야지' 하며 태권도로 시작하다가 어느새 피
아노, 수영, 영어, 바둑 등으로 이어져 아이는 집 안
에서 가장 바쁜 사람이 된다.

마음껏 탐색할 기회 만들어주기

부모들이 한 가지 알아야 할 것이 있다. 어려서 놀이에 집중하는 집중
력이야말로 학교에 가서 공부에 몰두하는 힘이 되고, 사회에 나가서
는 자신에게 주어진 일을 해내는 힘의 원천이 된다는 것이다. 사실상
놀이와 공부와 일이 하나의 연장 선상에 있는 셈이다.

　놀이는 어른 아이 할 것 없이 모든 인간에게 삶의 활력소가 되는 에
너지를 만들어낸다. 공부만 강조하는 부모들은 아이가 노는 시간을
시간 낭비로 생각하는 경향이 있다. 나이와 학년에 상관없이 선행학
습을 강요하다 보니 아이들은 일찍부터 스트레스를 받는다. 그런 아
이들이 자신의 정서 세계를 탐색하고, 표현하고, 때로는 스트레스를
풀 수 있는 것이 바로 놀이이다.

　동생이 태어나 엄마의 사랑을 빼앗겼다고 느끼는 아이가 있다고
하자. 어느 날 우연히 인형을 미운 동생이라며 때리고 있는 장면을
보게 되었다. 이럴 때 화들짝 놀라는 부모들이 많은데 실제로 동생을
때리는 것이 아니므로 놀이로 이해하고 넘어가야 한다. 그러면 동생

에 대한 미움이 어느 정도 누그러져 실생활에서는 동생을 잘 보살펴
게 된다.

부모들 중에 아이들이 자꾸 만지고 깨뜨린다며 화장대나 거실장에
물건을 올려놓지 않는 경우가 있다. 그러면 어린아이는 만지고 조작
할 수 있는 물건이 없다. 장난감만 가지고 놀게 하는 것보다 탐색거리
를 만들어주는 것이 현명하다.

어린아이들은 양손을 사용해서 끊임없이 탐색할 수 있는 뭔가가 필
요하다. 그런 차원에서 보면 부엌에 있는 주방 용품, 서랍 속의 양말
과 속옷이 장난감이 될 수 있다. 그것들을 가지고 놀면서 아이는 양손
을 사용하고 싶은 욕구를 충족시키게 된다.

아이가 어릴 때는 화장대나 거실장에 빈 화장품 통이나 위험하지
않은 물건들을 놓아두자. 마음껏 탐색하고 조작하는 동안 아이는 집
중력도 생기고, 두뇌활동도 활발해질 것이다.

마음껏 집중할 수 있는 시간 만들어주기

하고 싶은 대로 다 해본 아이는 자기통제력이 있다. 다른 사람의 감정
에도 민감하게 반응할 줄 알며 마음이 너그럽다. 단, 어린아이들은 무
엇이 위험한지 잘 모르므로 엄마가 세심한 주의를 기울여야 한다.

'어린아이의 노는 모습만 보아도 그 아이의 장래를 알 수 있다'는

말을 들은 적이 있다. 어느 정도 설득력 있는 주장
이라고 생각한다. 아이들은 자신이 좋아하는 놀이
를 하고 논다. 부모가 그것을 잘 관찰하고 파악해서
개발시켜주면 아이가 그 분야에서 성공할 가능성이 높아질 것이다.

예를 들어, 아이가 레고 만들기를 좋아한다면 못쓰게 된 자동차 장
난감을 분해하며 놀도록 지켜보자. 책 읽기를 좋아하는 아이라면 도
서관에 함께 가고, 부모도 책 읽는 모습을 자주 보여주고, 서점으로
나들이를 나가 책을 골라보게 하자. 또, 읽은 책에 대해 함께 이야기
를 나누는 시간도 가져보자.

이렇듯 부모가 놀이에 동참하면 아이의 소질을 파악하는 중요한 단
서를 찾을 수 있다. 남자아이들은 소파를 뒤집어놓고 그 위에 빨래할
커튼을 씌워 동굴처럼 만들어서 그 속에 들어가 놀기를 좋아한다. 이
때 엄마가 손전등을 가져다준다면 아이는 더 신나게 놀이에 몰입할
것이다.

3세 이하 어린아이의 경우에는 집중할 수 있는 시간이 길어야 3분
이다. 그래서 놀이를 하다가 금세 싫증내고 다른 놀이를 한다. 그러던
아이도 연령에 맞게 놀이에 집중할 수 있는 분위기를 만들어주면 처
음에 3분 집중해서 놀다가도 10분, 20분으로 늘어나게 될 것이다.

아이들이 진정 필요로 하는 장난감은 고가의 장난감이 아니다. 아

이에게는 아빠와 엄마가 세상에서 최고의 놀이 대상이다. 아빠, 엄마와 이루어지는 스킨십과 대화는 아이에게 정서적인 안정감을 주고, 위기대처능력도 만들어준다.

그런데 요즘 부모들은 바쁘고 피곤해서 아이와 놀아줄 시간이 없다고 한다. 아이 교육은 학교와 학원에 맡기고, 여가시간은 텔레비전과 게임기에 맡기는 부모가 되어서는 안 된다.

어린아이에게는 놀이가 공부라는 점을 명심해야 한다. 특히 엄마를 필요로 하는 시기에 함께 놀아줘야 아이가 바르게 성장한다.

스스로 하는 습관은
부모의 인내심이 만든다

아이가 초등학교에 입학하면 당사자인 아이보다 부모의 긴장지수가 높다는 말을 들었다. 처음에 학부형이 되고 나면 준비할 것도 많고 아이에게 거는 기대감도 높아지는 탓이다.

유아기를 자유분방하게 보낸 아이들은 학교가 갑갑하게 느껴질 수 있다. 아침 일찍 일어나 정해진 시간에 학교에 가고, 숙제와 준비물을 꼭 챙겨야 하는 것을 당연한 일로 받아들이는 데도 꽤 많은 시간이 걸린다. 그래서 스스로 해나가는 습관을 길러주기 위해서는 무엇보다 부모의 인내심이 필요하다.

학교에 입학한 지 얼마 되지 않았을 때 아이가 현관문을 열고 들어와 "엄마, 나 학교 바꿔줘!"라고 말해서 당황했다는 우스갯소리를 들은 적이 있다.

아이 입장에서 생각하면 그런 말을 할 법도 하다. 유치원 시절에 미술학원, 음악학원, 태권도학원을 다닐 때 뭔가 마음에 들지 않아 "엄마, 나 학원 바꿀래!"라고 말하면 다 통했기 때문이다. 정 가기 싫은 날에는 "오늘은 안 가면 안 돼?"라고 투정을 부려 학원을 쉴 수도 있었다.

그런데 학교를 바꿀 수도 없고, 등교 시간을 늦출 수도 없고, 쉬고 싶을 때 마음대로 쉴 수도 없다니 아이 입장에서는 당혹스러울 수밖에 없다. 따라서 초등학교 저학년 때는 학교 가는 것을 즐겁게 만들어 학교생활에 적응하도록 돕는 것이 중요하다.

학교생활에 귀 기울이기

단체생활에서 규칙을 지키고 집중하는 습관은 사실상 유치원 단계에서 길러야 한다. 그런데 이 시기에 부모의 욕심으로 습관 형성 외에 더 많은 것을 요구하게 되면 아이에게 문제가 생긴다.

한글을 1년 일찍 가르치는 일은 급할 게 없다. 오히려 아이와 함께 일상생활에서 일어나는 일들을 자연스럽게 이야기하고 주변의 다양한 것들에 호기심을 가질 수 있도록 도와주는 것이 중요하다.

일단 초등학교에 입학한 아이가 있다면 학교생활에 재미를 느끼는지, 선생님 말에 귀를 기울이고, 과제를 마쳤을 때 성취감을 느끼는지를 살펴야 한다.

　학교는 작은 사회이다. 학교에서 남들과 어울려
지내는 방법을 익혀야 나중에 사회에 나가서도 원
만한 인간관계를 형성할 수 있다. 학교에서 만난 친구들은 자기 뜻대
로 움직여주기는커녕 사사건건 부딪힌다. 모든 일을 스스로 해결해야
하고 기분 나쁜 일이 있어도 참아야 할 때가 많다. 만약 집 안에서 부
모가 떠받들어 키운 아이라면 초등학교에 입학한 뒤에 정신적 충격을
받는 것은 예정된 순서일지 모른다.

　미국의 철학자 듀이는 "학교는 작은 사회이다. 그 안에서 남과 더불
어 살아야 한다"라고 했다. 아이가 또래 관계를 형성하는 것은 사회성
발달을 위한 첫 단계이다. 친구들과 친하게 지내는 것도 하나의 기술
이며, 훈련을 필요로 한다.

아이의 또래 관계 관찰하기

타고난 성격이 적극적이고 활발한 아이는 부모가 특별히 배려하지 않
아도 다른 아이와 잘 어울린다. 처음 본 아이와 스스럼없이 어울려 놀
고, 집으로 데리고 오기도 한다.

　그러나 수줍음이 많고 내성적인 아이는 또래 아이들과 어울리는 데
적응 시간이 필요하다. 만약 아이가 학교에 들어간 후에도 또래와 어

저학년 때는
학교 가는 것을 즐겁게
만들어주는 것이 중요하다.

울리지 못한다면 그 이유를 찾아내야 한다. 또래에 대한 관심 자체가 없는 것인지, 놀고 싶어 하는데 친구들로부터 따돌림을 당하는 것인지도 유심히 살펴야 한다. 아주 어렸을 때부터 낯가림이 심해 낯선 환경에 적응하지 못했을 수도 있고, 양육 과정에서 양육자가 자주 바뀌거나 이사를 많이 해서 심리적으로 불안한 상태일 수 있다.

아이가 다른 아이들과 어울리는 데 문제가 있다면 처음에는 부모가 또래와 함께 있는 시간을 만들어주자. 단, 너무 많은 아이들과 어울리게 하면 산만해지므로 처음에는 2~3명과 놀게 하고, 점차 그 수를 늘려 나가는 게 좋다.

아이에게 장난감이 너무 많은 것도 또래 관계 형성에 방해가 될 수 있으므로 잘 쓰지 않는 장난감은 박스에 넣어 보관하자. 반년 뒤에 꺼내놓으면 아이는 새것처럼 흥미를 보일 것이다. 방과 후에 친구를 집으로 데려오게 하거나 아이 친구의 가족과 함께 어울리는 것도 도움이 될 수 있다.

준비물은 스스로 챙기게 하기

학교에서는 지켜야 할 규칙이 많다. 선생님 말에 귀를 기울여야 하고, 수업시간에 조용히 제자리에 앉아 있어야 하며, 화장실이나 급식실에서는 차례차례 줄을 서고 질서를 지켜야 하고, 숙제는 꼭 해야 한다.

유치원 생활이 학교생활과 비슷하지 않느냐고 말하는 사람이 많은데, 그렇지 않다. 유치원은 경험과 놀이 중심의 공간이고, 초등학교는 교과 중심의 학습 공간이다. 그래서 유치원 생활을 잘했어도 초등학교에 들어가서 얼마 동안 혼란을 겪을 수 있다.

이 시기에 아이가 학교생활에 재미를 느끼고 공부에도 흥미를 느끼게 하려면 부모가 과제물과 준비물을 챙기는 데 각별히 신경 써야 한다. 그리고 서서히 아이 스스로 챙기도록 유도해야 한다.

90퍼센트의 엄마들이 아이가 아직 어리다는 생각에 준비물을 챙겨준다. 그러나 스스로 학습하는 자기주도적인 태도를 길러주려면 준비물부터 직접 챙기게 해야 한다. 챙기는 습관은 어릴 적에 형성되기 때문이다.

아이가 준비물을 챙겨 가지 않았을 때에도 무조건 가져다줄 것이 아니라 아이가 학교에서 그로 인한 불이익을 경험하게 하는 것이 좋다. 가령, 미술 시간에 필요한 가위를 챙겨 가지 않았을 경우, 아이는 다른 친구들이 오리기 활동을 할 때 멀뚱히 지켜만 봐야 할지 모른다. 이런 경험을 한 아이는 스스로 준비물을 챙기게 된다. 숙제도 마찬가지다. 숙제와 준비물을 엄마가 계속해서 챙겨주는 것은 아이에게 그런 습관을 만들어주는 것과 같다.

혹시 아이가 준비물을 빠뜨리지 않을까 걱정된다면 일단 스스로 준비물을 챙기도록 기회를 주고 관찰하는 것도 방법이다. 그래서 아이가 잠들었을 때 가방 속을 체크하는 것이다. 만약 풀을 빠뜨렸다면 다음날 아침 학교 가기 전에 아이에게 지나치듯이 물어주자.

"준비물은 모두 챙겼니? 미술 시간 준비물이 가위랑 풀이던데 잘 챙겨넣었어?"

그러면 아이는 풀을 빠뜨렸다는 사실을 깨닫고 챙겨넣을 것이다. 습관은 이렇게 차근차근 만들어 가면 된다.

작은 성취감 맛보는 기회 만들기

아이가 작은 것이라도 성취감을 맛볼 수 있도록 신경 써야 한다. 아이는 성취감을 통해 학교생활에 재미를 느끼기 때문이다.

아이가 집에서 칭찬받을 일을 했다면 선생님에게 쪽지를 보내서 친구들 앞에서 칭찬받게 하고, 학교에서도 같은 방법을 취해 학교와 가정이 유기적으로 결합하여 교육할 수도 있다. 가정과 학교에서 칭찬받은 아이는 더 큰 성취감을 느껴서 스스로 칭찬받을 수 있는 일을 하려고 노력하게 될 것이다.

특히 저학년 때에는 학습 자체보다 자기주도적인 학습태도를 만들어주고, 학교생활을 즐겁게 하도록 도와야 한다. 이것들은 사실 학교에 들어가기 전부터 시작되어야 한다. 어려서부터 사소한 것이라도 스스로 하려는 의지를 보이면 그렇게 하도록 배려하는 것이 좋다. 아이의 서툴고 느린 모습이 답답하다면서 그 시도와 의지를 막아버리면 학교에 들어가서도 부모에게 의존하게 된다. 따라서 부모가 할 일은 아이가 스스로 일어설 수 있는 힘을 길러주는 것이다.

아이가 해야 할 일을 대신해서는 안 된다. 뭔가를 시도할 때마다 "안 돼", "위험해", "나중에 해"라는 말로 제동을 걸면 아이는 매사에 자신감이 없어지고, '엄마는 내가 뭔가를 하는 게 싫은 거야'라고 생각하게 된다.

늘 부정적인 말을 듣고 자란 아이가 긍정적인 자아관과 가치관을 갖기는 힘들다. 무엇이든 "잘했다", " 네가 최고다"라며 키우는 것도 반드시 좋은 결과를 가져오는 것은 아니지만 "안 돼", " 위험해"를 입에 달고 키우는 것도 옳지 않다.

부모가 아이 뒤를 쫓아다니며 모든 일을 대신해줄 수는 없다. 당장 초등학교에 입학하는 순간부터 아이는 많은 부분을 혼자 해결해야 한다. 어릴 때부터 스스로 하는 법을 조금씩 배워야 하는 이유가 바로 여기에 있다.

아이만의 공부 방식 인정해주기

물론 부모가 바라는 대로 아이가 자라는 것은 아니다. 특히 학교 성적의 경우가 그렇다. 어느 학교, 어느 학급이든 1등이 있고 꼴찌가 있다. 모든 아이가 다 1등을 할 수는 없는 일이다. 그럼에도 불구하고 많은 부모들이 내 아이가 다른 아이보다 뛰어나기를 바라는 마음에서 학교에 입학하자마자 공부를 다그친다.

그러나 어린아이를 둔 부모는 보다 현실적일 필요가 있다. 각각의 시기에 꼭 키워주어야 할 태도나 습관에 대한 교육을 제쳐두고 공부에만 매달리는 것이 과연 현명한지 생각해봐야 한다.

아이마다 얼굴과 성격이 다르듯이, 공부 방식도 다르다. 따라서 아이의 공부 방식을 찾아주어야 한다. 가령, 방문을 닫고 책상에 앉아 조용히 공부하는 방법이 있는가 하면 이 방 저 방으로 옮겨다니며 공부하는 방법도 있다. 낮에는 놀고 밤에 공부하는 방법이 있는가 하면 초저녁에 자고 새벽에 일어나서 집중적으로 공부하는 방법도 있다. 부모가 아이를 유심히 관찰해 어떤 방식이 아이에게 맞는지 알아내어 효과를 극대화시켜야 한다.

어릴수록 접촉에 의한 학습 효과가 크다. 즉 어린아이는 사물을 만지고 냄새를 맡고 몸을 움직이면서 배우는 게 효과적이다. 따라서 운동이나 감각 활동은 어릴 때 하는 것이 효과가 크다. 듣는 것만으로도 교육이 될 때는 초등학교 5학년 이후부터다.

한 연구에 의하면 책 읽기는 어린아이일수록 오후나 저녁 시간대를 선호하고, 큰아이일수록 오전 시간대를 선호하는 것으로 나타났다. 또 다른 연구에 따르면 조용한 것을 좋아하는 아이는 책 읽기에, 소리에 예민하게 반응하는 아이는 말하기에 뛰어났다.

이러한 연구들은 아이마다 공부 방식과 지각 경향이 다르다는 것을 보여준다. 부모는 아이의 능력을 제대로 파악해야 하고, 공부가 최선의 길이 아닐 수 있다는 것을 인정해야 한다. 우리 아이들이 살아갈 사회에서는 학벌보다 개개인의 능력과 자신감이 더욱더 가치를 발휘할 것이기 때문이다.

부모가 공부 잘하는 옆집 아이를 부러운 눈길로 바라볼 때 아이는 마음에 크나큰 상처를 입는다. 현명한 부모는 아이의 성적이 떨어진다고 실망하지 않는다. 대신에 내 아이의 특출난 부분이 무엇인지를 발견하는 데 시간을 투자한다.

> 어릴수록 사물을 만지고 몸을 움직이면서 배우는 게 효과적이다.

억지로 하는 공부는
오래 못 간다

모든 부모는 내 아이가 누구보다 똑똑하고 잘나기를 바란다. 그래서 아이의 교육을 위해서라면 무엇이든 해주고 싶어 한다.

그런데 아이가 요구하기도 전에 학습지나 학원 등을 알아봐서 돌리는 게 부모의 올바른 역할인지를 생각해볼 필요가 있다. 어려서부터 발레를 가르치고, 바이올린과 수영을 배우게 하는 것이 중요한 것은 아니다.

아이가 정말로 하고 싶다는 생각이 들어 배우는 것과 부모가 시켜서 어쩔 수 없이 배우게 되는 것은 효과 면에서 하늘과 땅 차이다. 부모가 앞장서서 아이를 끌고 가면 자칫 아이는 자신을 위해 공부하는 게 아니라 부모를 위해 공부하는 것이라고 생각할 수 있다. 또, 금세 싫증을 낼 수 있어 효과도 떨어진다.

216

공부 주체는 아이여야 한다

아이를 이 학원 저 학원으로 데리고 다니며 주입식
교육에 치중하게 되면 초등학교를 졸업하기도 전
에 아이는 지쳐버린다. 실제로 이것저것 많이 시켰는데 어느 것 하나
썩 잘하는 느낌을 받지 못하는 경우가 있다. 특히 너무 성급한 교육으
로 인지적 자극이나 언어적 자극을 준 경우에는 해마 신경세포에 과
부하가 걸려 신경세포가 잘려 나가는 결과를 초래하기도 한다. 심한
경우에는 정신과 치료를 받아야 한다.

사교육에 엄청난 비용을 쏟아 부으며 극성스런 치맛바람을 일으키
는 부모는 우리나라 부모와 일본 부모밖에 없다. 반면 서구의 교육은
창의성과 자율성을 중시하기 때문에 어릴 때 공부에만 치중하지 않는
다. 오히려 방 안에서 공부만 하는 아이를 걱정한다.

여러 가지 체험이 아이의 능력을 가장 잘 발달시킨다는 점에서는
동서양이 인식을 같이 한다. 하지만 그 방법에 있어서는 차이를 보인
다. 서구의 부모들은 여러 활동을 통해 경험을 쌓게 해서 문제해결능
력을 키워주는 데 반해, 우리나라의 부모들은 이런 체험교육조차 학
원에 의존하며 학교 교과학습을 위한 준비라고 착각한다.

아이가 원하는 것은 무엇이든 해주고 싶어 하는 부모들의 마음에는
자신이 이루지 못한 소망을 아이를 통해 이루려는 보상 심리가 작용

한다. 이것은 프로이드가 주장한 방어 기제 중 하나인데, 나 대신 자녀가 소망을 이루게 하여 안정감을 얻으려는 심리이다.

이러한 심리는 학력이 낮은 부모가 자신의 열등감 때문에 자녀교육에 헌신하는 경우에서 찾아볼 수 있고, 또래 친구들 사이에서 잘 어울리지 못하는 아이가 자기보다 어린아이들 속에서 대장 노릇을 하려드는 경우에도 보상 심리가 적용된다.

부모의 과욕이나 보상 심리 때문에 어린아이에게 이것저것 마구잡이로 가르치려 해서는 안 된다. 무분별한 조기 교육은 아이들의 인성 발달에 부정적인 영향을 미치고, 일그러진 보상 심리는 불안하고 산만한 아이로 자라게 한다.

초등학교가 끝나는 시간에 교문 앞에 가서 보라. 거의 대부분의 아이들이 근처 학원 건물로 들어가거나 학원 버스에 올라타는 것을 볼 수 있다. 아이들의 표정을 보면 아무 표정이 없거나 지친 표정이다.

억지로 하는 공부는 성취감이 없다

아이는 부모의 욕심을 채워주는 대상이 아니다. 내 아이에게 필요한 게 무엇인지 아이 입장에서 생각했으면 싶다.

물론 부모의 열성적인 교육 덕분에 아이가 공부를 잘할 수도 있다. 그러나 그것도 초등학교 3학년까지만 해당되는 말이다. 초등학교 3학년 이후부터는 스스로 자율적으로 선택해서 하는 아이들이 부모 등쌀에 못 이겨 공부하는 아이보다 훨씬 더 공부를 잘한다. 부모가 시켜서 억지로 하는 공부는 아이가 학습을 노동으로 여기기 때문에 오래할 수가 없고, 즐거움이나 성취감을 느낄 수 없다.

　루소의 교육철학에서는 '소극 교육'을 강조한다. 가령, 한 아이가 아끼는 장난감을 망가뜨렸다고 하자. 이럴 때 부모는 새것을 다시 사서 안겨줄 것이 아니라 그 장난감이 없어짐으로써 어떤 문제가 생기는지를 아이가 직접 느끼는 기회로 만들어야 한다고 본다.

　다시 말해서 소극 교육이란 자연의 섭리가 적극적으로 작용하도록 하는 교육이다. 거짓말을 하면 자신에게 나쁜 결과가 돌아온다는 사실을 아이 스스로 알게 될 때까지 기다려주는 교육이라 할 수 있다.

　혹자는 소극 교육을 '교육하지 않는 교육'이라고 표현하기도 하는데, 그보다는 '기다리는 교육'이라는 표현이 더 적합하다고 생각한다. 하기 싫은 공부를 강요해 학습에 대한 거부감을 일으킬 게 아니라 아이가 즐거운 마음으로 공부를 시작할 수 있도록 여유있게 기다리는 부모가 되자.

　부모가 하나하나 통제하고 결정하는 '적극 교육'은 아이를 지치게 만든다. 그 결과 학습은 지루하고 재미없는 것이라는 부정적인 인식을 심어주게 된다.

아이에게 숙제하라고 재촉하고 싶은 마음이 굴뚝같더라도 꾹 참고 인내심을 발휘하자. 다음날 학교에 가서 다른 친구들이 숙제해온 것을 보고, 또 선생님에게 꾸중을 들은 후에 아이는 마음속으로 생각한다.

'오늘부터 나도 숙제를 해야겠다.'

이런 일이 몇 번 반복되면 공부에 대한 필요성도 느끼게 된다.

생활습관도 마찬가지다. 아이가 신나게 블록 쌓기 놀이를 하고 나서 치우지 않아 온통 난장판이 되었다고 하자. 아이를 야단치고 싶겠지만 꾹 참고 블록을 정리하라고 조용히 타이르고 기다려주자. 흔히 성질 급한 엄마가 후다닥 혼자서 치워버리는데, 그러지 말고 아이가 조금이라도 블록을 정리하려는 노력을 보일 때 같이 정리하는 게 좋다. 일상생활에서 이런 일 하나하나가 쌓여 올바른 습관이 만들어진다.

아이는
아빠와 놀고 싶다

아이가 잘 자라려면 엄마 아빠의 관심과 사랑이 모두 필요하다. 엄마 아빠는 서로 다른 개성과 성향을 지니고 있다. 여자와 남자라는 차이도 있지만, 살아온 배경이나 과정도 다르다. 때문에 엄마 아빠의 양육 방식이 조화를 이루면 아이는 보다 성숙한 사람으로 자라게 된다.

엄마 아빠는 여성과 남성이라는 특성으로 인해 아이에게 각각 다른 영향을 준다. 이분법적으로 나눌 수는 없지만, 대체로 엄마는 사랑과 신뢰, 따뜻함을 주고 아빠는 공정함과 정의로움, 지적 호기심을 채워 준다. 예를 들면, 아이가 아프거나 힘들 때는 엄마를 찾고, 중요한 결정을 앞두고 있을 때는 아빠의 조언을 구한다.

아이는 아빠와의 상호작용을 통해 지적 호기심을 충족시켜 나간다. 가령, 아이가 "비행기는 날 수 있는데 자동차는 왜 못 날아요?"라고 물었다고 하자. 대부분의 엄마들은 "비행기니까 날지"라고 대답한다. 그런데 아빠들은 "날개가 있잖니? 새를 봐"라거나 "우리 실험을 해볼까?"라는 반응을 보인다.

엄마들은 단편적인 대답을 하고, 아빠들은 지식을 확대시키려는 경향이 있다. 그러다 보니 아이들은 궁금증 해결에 별 도움이 되지 않는 엄마의 대답에는 시큰둥하지만, 진지하게 대답해주는 아빠로부터는 인내심과 문제해결력을 배운다.

엄마와 아빠는 놀이를 할 때도 다르다. 엄마는 주로 책을 읽어주거나 이야기를 들려주는 언어적인 놀이를 한다. 아빠는 온몸으로 신나게 뛰어노는 신체놀이를 주로 한다. 아이는 언어적 놀이와 신체놀이를 하면서 좌뇌와 우뇌에 골고루 자극을 받고, 엄마 아빠의 사랑 속에서 온전한 인격체로 성장한다.

하루 5분도 괜찮다

너무 바빠서 아이와 놀아줄 시간이 없다면 길게 놀아주어야 한다는 부담감에서 벗어나자. 짧고 굵게 하루 5분씩이라도 놀아주자. 아빠와 신나게 놀았다면 아이는 그것으로 충분히 만족스러워한다.

아이는 놀이의 주인공, 아빠는 보조자

아무리 아빠와 노는 것이 좋아도 아빠가 놀이를 주도하면 아이는 재미가 없다고 느낀다. 놀이의 주인공은 아이여야 한다. 아빠는 보조자 역할을 하면서 흥을 돋워주기만 하면 된다. 아이는 아빠가 옆에 있으면 혼자 놀 때보다 더 신나게 놀 것이다.

기차놀이를 한다고 해보자. 이때 기관사는 아이가 해야 한다. 아빠는 아이에게 어디로 가고 싶은지를 물어야 한다. "기차 타고 할머니네 집 가요"라고 하면 아빠는 "야, 신나겠다. 아빠도 태워줄래?"라며 맞장구를 쳐주면 된다.

눈높이를 맞추고 동심으로 돌아가면 아이와 놀아주는 아빠가 아닌 재미있게 놀고 있는 아빠가 될 수 있다. 아이들은 신나게 놀았던 아빠의 열정과 재미있는 시간을 오래도록 기억할 것이다.

놀 때는 노는 데만 집중하자

놀이의 목적은 '재미'에 있다. 간혹 놀면서 뭔가를 가르치려고 하는 아빠가 있다. 그러면 아이들은 아빠와 노는 것이 재미없다고 느낀다.

블록 놀이를 하면서 "파란색 세모 모양을 찾아봐"라고 한다면 놀이라고 하기 어렵다. 백 번 양보해도 '학습에 가까운 놀이'라고밖에 할 수 없다. 게다가 아직도 세모를 모르냐고 무안을 주거나 야단을 친다면 아이는 아빠 자체를 스트레스로 여기게 될 것이다.

공감대를 형성하는 대화 나누기

아이와 친해지려면 대화를 많이 나누어야 한다. 함께 외출했다가 돌아오면 바깥에서 본 것이나 경험한 일들에 대해 이야기를 나누자.

이야기를 나눌 때는 아이와 눈을 맞추고 이야기를 들어주어야 한다. 아이가 말을 잘하지 못하더라도 인내심을 가지고 끝까지 들어주어야 한다.

퇴근해서는 오늘 하루 무슨 일이 있었는지 물어보는 것도 좋다. 이런 시간을 통해 아이와 공감대를 형성할 수 있고, 그날 아이의 마음을 헤아려볼 수도 있다. 속상한 일을 털어놓았는데 아빠가 그 마음을 이해해준다면 마음 속 응어리를 풀어내는 기회가 될 것이다. 이런 경험이 쌓이면 아빠를 '마음의 위안자'로 여기게 되고 편안한 안식처로 생각하게 된다.

엄마는 간섭하지 않기

아빠가 아이와 놀아주기로 했다면 엄마는 한발 물러서는 게 좋다. 아이가 아빠만의 독특한 향기를 느끼고 그들만의 세계를 만들어가는 것도 중요하다. 엄마는 그동안 다른 볼일을 본다든지 해서 간섭하지 말아야 한다. 주말에 반나절 정도 아빠와 아이가 함께하는 시간을 갖고 엄마는 프리타임을 즐기자. 미용실에도 가고, 친구도 만나고, 한가롭게 서점을 돌며 책도 읽고, 분위기 좋은 카페에 앉아 커피도 즐기는 것이다. 그리고 저녁에 모여 하루 종일 있었던 일을 이야기 나누는 것이다.

아빠가 서툴러도 이해하기

엄마에 비해 아빠가 아이와 놀아주는 모습을 보면 서툴기 그지없다. 그렇더라도 엄마가 나서서 놀이 지침을 내리거나 아빠를 무시해서는 안 된다. 아이의 특성에 대해 주의해야 할 점은 알려줄 수 있지만 놀이 자체에 대해 지침을 주어서는 안 된다. 그러면 아빠의 고유 영역이 없어지고, 엄마의 보조 역할로 전락하고 만다. 그것은 아이가 원하는 바도 아니다. 단, 큰아이는 토마토에 알레르기 반응을 보인다든지, 둘째는 햇볕에 오래 노출되면 피부가 빨개진다는 정보는 알려야 한다. 간혹 아빠에게 무엇을 하고 놀라거나 어떻게 놀아야 한다고 일일이 알려주는 엄마가 있는데, 그러면 아빠는 의욕을 잃게 된다.

또, 놀아주다가 아이가 다쳤다든지 아이와 다투었다든지 해도 아빠를 무시하거나 불만을 토로해서는 안 된다. 그러면 아빠는 아이와 적극적으로 놀고 싶은 의욕을 상실하게 된다. 그 시간 동안 모든 것은 아빠의 영역이다. 엄마의 우려와 달리 어쩌면 아이는 그 모든 것을 수용하고 좋아할 수도 있다.

온몸으로 놀아주기

아빠가 잘 놀아줄 수 있는 놀이는 바로 온몸으로 노는 신체놀이이다. 엄마는 힘에 부쳐 실컷 놀아주지 못하지만 아빠는 얼마든지 가능하다. 신체놀이는 아이들이 갈망하는 '자극 허기'를 쉽게 채워줄 수 있어 아이의 정서 안정에도 좋다.

이불 위에서 씨름을 한다거나 베개 싸움을 해도 좋다. 아이를 이불에 태워 끌어주거나 돌돌 말았다 풀며 놀 수도 있다. 목마를 태워주거나 다리에 올려놓고 그네를 태워줘도 재미있어 한다. 아이들은 적극적인 스킨십을 즐거워한다. 이 시기를 놓치는 부모는 나중에 가서 후회한다.

자연스럽게 스킨십 하기

아이들은 스킨십을 통해 친밀감과 안정감을 느낀다. 자연스럽게 스킨십을 나누기에 놀이만 한 게 없다. 손으로 키재기 놀이를 해보자. 아이를 서 있게 한 후 아빠가 아이의 키를 잰다면서 발바닥부터 겨드랑

이까지 손으로 한뼘 한뼘 재는 것이다. 아이는 겨드랑이에 아빠 손이 닿으면 간지러워 웃음을 터트릴 것이다. 이때 몇 뼘까지 셌는지 잊어버렸다며 다시 처음부터 재보자. 그렇게 매일 한 번씩만 놀아줘도 아이와 가까워질 것이다.

아빠의 목소리로 책 읽어주기

아빠가 책을 읽어주면 아이는 엄마가 읽어주는 것과 다른 느낌을 받는다. 아빠의 굵은 음성과 색다른 표현방식은 간접 경험의 폭을 넓혀준다.

책을 읽어줄 때는 생생한 목소리로 실감 나게 읽어주고 과장된 목소리와 몸짓으로 등장인물에 맞는 연기를 해주자. 아이는 이야기에 쏙 빠져들 것이다.

간혹 책 내용을 제대로 이해했는지 점검하는 아빠가 있는데 옳지 않다. 책에 나오는 숫자나 글자를 가르치거나 누가 좋은 사람인지 나쁜 사람인지를 묻는 것도 바람직하지 않다. 정확한 답을 기대하는 아빠의 표정은 아이에게서 책 읽는 재미를 빼앗아간다. 결국 책을 싫어하는 아이로 만들 뿐이다.

아이는 처음부터 끝까지
아빠와 엄마의 공동 작품

아이가 조금씩 활동하기 시작하면 신체놀이를 좋아하게 된다. 이 시기에 아빠와의 놀이가 중요하다. 아빠와 함께 가는 박물관, 식물원 등의 여행을 통해 아이는 호기심이 많아지고 성취 욕구와 인내심이 강해진다. 아이는 아빠를 통해 지적 호기심을 충족시키고 정의감을 배운다. 그리고 엄마를 통해 사랑을 배워 올바른 인격체로 성장한다.

'아이의 IQ는 아빠를 통해 발달한다'는 말이 있을 정도로 지적 호기심을 충족시켜주는 면에서는 아빠의 역할이 중요하다.

아이들의 질문은 성장의 무기이다. 이 무기가 힘을 발휘하게 만드는 것은 부모와의 상호작용이다. 아이가 황당한 질문을 했을 때는 "정말 대단한 생각을 했구나. 엄마도 잘 모르는 문제인데, 우리 함께 알아볼까?"라고 대답해주자. 칭찬해주고 성의 있는 대안을 제시해주는 부모의 태도는 아이에게 새로운 호기심을 불러일으킨다.

한 조사에 따르면 아이들이 가장 싫어하는 아빠가 엄마와 싸우는 아빠, 술취한 아빠, 텔레비전만 보는 아빠였다. 이 세 가지 유형의 아빠를 들여다보면 아이들은 같이 놀아주고 감정을 교류하며 상호작용하는 아빠를 원한다는 것을 알 수 있다.

아이를 올바르게 키우기 위해서는 아빠와 엄마의 역할이 병행되어야 한다. 그러려면 엄마 자신부터 돈은 남편이 벌어오고 집안일과 육아는 아내가 한다는 생각에서 벗어나야 한다. 아빠가 자녀교육에 관심을 가지게 하고, 주말에 아이들과 시간을 보낼 수 있도록 계획을 세워주는 게 엄마의 역할이다. 가령 주말마다 가족끼리 운동을 하거나 등산을 가는 것도 좋고, 야구 경기를 관람하는 것도 좋다.

처음엔 누구나 서툴다
초보 엄마와 마찬가지로 육아 경험이 많지 않은 아빠는 처음에 서툴 수밖에 없다. 엄마는 인내심을 가지고 아빠의 시행착오를 지켜봐주어야 한다.

아빠가 육아에 관심을 갖게 하기 위해서는 남편의 생각과 의견을 받아들이는 태도가 필요하다. 보통은 아내를 도와주는 정도로 만족하지만 아내가 자신의 생각대로 따라와 주기를 바라는 남편도 있다. 이런 경우에는 남편의 의견과 생각을 일정 부분 반영해서 육아에 대해 주인의식을 가지도록 하는 게 현명하다.

〈타임〉지 커버스토리로 아빠의 역할에 대한 기사가 실린 적이 있다. 미국 사회에서 사회적 압력으로까지 인식되는 아빠의 개입과 그 안에 숨어 있는 묘한 심리를 보여주는 내용이었다. 아빠의 개입은 아이에게 엄마와는 다른 보조 엄마의 의미일 뿐 진정한 아빠는 가정에서 사라졌고, 사실상 아내들이 그들 고유의 영역을 지키고자 하기 때문에 남편들은 단지 약간의 도움을 주고 보조역할만 할 뿐이라는 주장이었다.

아이는 아빠와 엄마의 공동 작품으로 세상에 태어난다. 아빠와 엄마의 공동 역할은 아이를 키우고 가르치는 육아에서도 그대로 유지되어야 한다. 그러므로 엄마는 아빠의 역할에 범위를 정해주기보다는 적극적으로 개입하여 주인의식을 발휘하도록 도와야 한다.

내 아이의
자신감
자존감

초판 1쇄 발행 2015년 6월 15일
초판 7쇄 발행 2019년 5월 8일

지은이 허영림
펴낸이 김옥희
펴낸곳 아주좋은날
기획편집 이미숙
표지 디자인 송승숙 디자인
본문 디자인 안은정
마케팅 양창우, 김혜경

출판등록 2004년 8월 5일 제16-3393호
주소 서울시 강남구 테헤란로 201, 501호
전화 (02) 557-2031
팩스 (02) 557-2032
홈페이지 www.appletreetales.com
블로그 http://blog.naver.com/appletales
페이스북 https://www.facebook.com/appletales
트위터 https://twitter.com/appletales1

ISBN 978-89-98482-44-2 (03370)

ⓒ 허영림, 2015

이 도서의 국립중앙도서관 출판시도서목록(CIP)은 서지정보유통지원시스템 홈페이지(http://seoji.nl.go.kr)와
국가자료공동목록시스템(http://www.nl.go.kr/kolisnet)에서 이용하실 수 있습니다.
(CIP제어번호 : CIP2015013147)

아주좋은날 은 애플트리태일즈의 실용ㆍ아동 전문 브랜드입니다.